【中国人格读库】

国家新闻出版广电总局
培育和践行社会主义核心价值观主题出版重点出版物

台湾军民抗击日本侵略

高占祥　主编

赵士第　著

北京时代华文书局

图书在版编目（CIP）数据

台湾军民抗击日本侵略 / 赵士第著． -- 北京 ：北京时代华文书局，2015.12
（2022.3 重印）
（中国人格读库 / 高占祥主编）
ISBN 978-7-5699-0677-6

Ⅰ．①台… Ⅱ．①赵… Ⅲ．①抗日战争－史料－台湾省 Ⅳ．① K265.06

中国版本图书馆 CIP 数据核字（2015）第 291911 号

台湾军民抗击日本侵略

Taiwan Junmin Kangji Qintan Rijun

主　　编 | 高占祥
著　　者 | 赵士第

出 版 人 | 陈　涛
责任编辑 | 邢　楠
装帧设计 | 程　慧　段文辉
责任印制 | 訾　敬

出版发行 | 北京时代华文书局 http://www.bjsdsj.com.cn
　　　　　北京市东城区安定门外大街 138 号皇城国际大厦 A 座 8 楼
　　　　　邮编：100011　电话：010-64267955　64267677
印　　刷 | 三河市嵩川印刷有限公司　0316-3650395
　　　　　（如发现印装质量问题，请与印刷厂联系调换）
开　　本 | 787mm×1092mm　1/16　印　张 | 9　字　数 | 85千字
版　　次 | 2016年1月第1版　印　次 | 2022年3月第3次印刷
书　　号 | ISBN 978-7-5699-0677-6
定　　价 | 36.00元

社会主义核心价值观与中国人格

周殿富

社会主义制度在中国已经建立了六十余年，而我们党则在本世纪初叶提出了培育弘扬社会主义核心价值观的重大课题，显然是其来有自。

社会主义的道德风尚在新中国蔚然兴起，曾经那样地风靡于二十世纪中叶。邓小平同志曾经在改革开放中讲过，当年"这种风气不仅是中国历史上从来没有过的，而且受到了世界人民的赞誉"。然而可惜的是，这个在社会主义制度建立与实践中，同步兴起的社会主义道德风尚的成长道路，却是一波四折。半个多世纪以来，它先是与共和国一道遭受了十年"文革"的浩劫；接着便是全党工作重心转移到改革开放进程中，欧风美雨"里出外进"的浸洗濡染；再接着是西方"和平演变"在东欧得手的强烈震荡与冲击；最后又是市场经济中那两只"看不见的手"在搅动着、嬗变着人们的价值取向。至少在国民中出现了价值观上的多层次化，传统美德的弱化，社会道德文明水准的退化，光荣革命传统的淡化，这也许正是中央在本世纪初提出社会主义核心价值观的原因吧。

不管怎么"变"，怎么"化"，当我们回首来时路，却不能不说，中华民族真的很强大，很值得骄傲。人类经历了几千年的文明进程，堪称世界文化之源的"五大文明古国"，其他四大古国文明都已被历史淘汰灭亡，只有中国成了唯一的延续存在。近现代即使那般的积贫积弱，被西方列强豆剖瓜分、弱肉强食，想亡我中华都不可能，就连最强大的美帝国主义，最凶残的日本军国主义都成为我们的手下败将，而且打出了一个新中国，且跨过整整一个历史阶段，直接进入了社会主义。西方敌对势力几十年不遗余力地对新中国百般围剿，"冷战""热战""和平演变"手段用尽，连如此强大的前苏联乃至整个苏东阵营都被瓦解了，而社会主义的旗帜仍旧在960万平方公里的土地上高高飘扬，而且昂首挺胸地屹立在世界的东方，中国真的是太强大了。几十年来的瞩目成就，竟然令西方发出了"中国威胁论"。你管他别有用心也好，言过其实也好，总比让别人说我们是"瓷器"，是"东亚病夫"好吧？1840~1949年的一百零九年间，中国尽受别人的欺负、"威胁"了，我们也能让那些昔日列强有点"威胁感"，又有什么不好？更何况这是他们自己说的啊！我们并没吹嘘，也没有去做。几千年来我们侵略过谁呢？"反战""非攻""兼相爱，交相利"，中国古有墨子，近有周恩来、邓小平同志。这也是中华民族固有传统美德的延续吧！

生于忧患，死于安乐，这也当是中华民族的一个传统美德吧？几十年来尽管中国如此繁荣兴旺，但从邓小平生前一直到党的"十八大"以来，无论哪一届中央领导集体，从来都没有忘记过国之忧患。忧在何处，患在何处呢？

二十世纪八十年代末，邓小平同志曾经在半年的时间内四次提到：中国改革开放十年最大的失误在教育，在"对青年的政治思想教育抓得不够""对人民的教育不够"，足见他的痛心疾首。他晚年时又提到了"国格"与"人格"的问题，讲道："谈到人格，但不要忘记还有一个国格。特别是像我们这样第三世界的发展中国家，没有民族自尊心，不珍惜自己民族的独立，国家是立不起来的。"

（精装版《邓小平文选》第3卷331页。）

人们很少注意到邓小平的这一段话，但邓小平恰恰是在这里把"国格""人格"提升到了事关"立国"的高度。

那么，什么是我们社会主义的"国格"呢？邓小平讲得很明白："民族自尊心""民族的独立"。

新中国一路走来，我们最大的尊严便是完全靠"自力"，靠"艰苦奋斗"，而达"更生"之境。对西方敌对势力的"冷战""热战""和平演变"，我们何曾有过屈服？也正是在这一前提下，我们才有真正的"民族独立"。这就是我们的国格。那么什么是我们中国人的人格呢？邓小平同志在这里没有讲，但他在1978年4月22日召开的全国教育工作会议上的讲话中，在讲到我们的教育培养目标时，至少提到与社会主义人格相关的各个方面：革命的理想，共产主义的品德，勤奋学习，严守纪律，艰苦奋斗，努力上进，爱祖国，爱人民，爱劳动，爱科学，爱护公共财产，助人为乐，英勇对敌，集体主义精神，专心致志地为人民工作，等等。这里的哪一条不属于社会主义人格的范畴呢？

2006年党的十六届三中全会，第一次提出了"建设社会主义核心价值体系"的历史性命题和战略任务。2007

年，胡锦涛同志在"6·25"讲话中又具体提出这个"体系"包括四个方面的内容：①马克思主义的指导思想；②中国特色社会主义共同理想；③以爱国主义为核心的民族精神和以改革创新为核心的时代精神；④社会主义荣辱观。这四个方面，一是信仰，二是理想，三是精神，四是道德文明，哪一个不在社会主义人格的范畴之内呢？党的十七届六中全会又提到了社会主义核心价值体系是"兴国之魂"。

2012年11月，在党的"十八大"上又用"三个倡导"把社会主义核心价值观概括为十二项：①倡导富强、民主、文明、和谐；②倡导自由、平等、公正、法制；③倡导爱国、敬业、诚信、友善。而且中办文件又把这"三个倡导"分为三个层面：第一个"倡导"的四项，是国家层面的价值目标；第二个"倡导"的四项，是社会层面的价值取向；第三个"倡导"的四项，是公民个人层面的价值准则。实际上前两个"倡导"的八项都是属于"国格"范畴，而第三个"倡导"是属于"人格"范畴。

那么，我们怎样才能在前面讲到的那些历史嬗变中培育建构起这个"核心价值观"呢？中共中央政治局的第十三次集体学习，似乎很明确地回答了这个问题。

新华社北京2014年2月25日电讯称：中央政治局在2月24日，以弘扬社会主义核心价值观，弘扬中华传统美德为内容，进行了集体学习，习近平总书记在主持学习时强调：

培育和弘扬社会主义核心价值观必须立足中华优秀传统文化。牢固的核心价值观，都有其固有的根本。抛弃传统、丢掉根本，就等于割断了自己的精神命脉。博大精深的中国优秀传统文化是我们在世界文化激荡中落稳脚跟的根基。中华文化源远流长，积淀着中华民族最深层的精神追求，代表着中华民族独特的精神标识，为中华民族生生不息、发展壮大提供了丰厚滋养。中华传统美德是中华文化精髓，蕴含着丰富的思想道德资源。不忘本来才能开辟未来，善于继承才能更好创新。对历史文化特别是先人传承下来的价值理念和道德规范，要坚持古为今用、推陈出新，有鉴别地加以对待，有扬弃地予以继承，努力用中华民族创造的一切精神财富来以文化人，以文育人。

习近平总书记的这段论述相当精辟，对于如何培育建构社会主义核心价值观问题从四个方面剀切明白。

第一，他明确指出要在中华优秀传统文化的基础上，来构造我们的社会主义核心价值观，而不能割断历史。这一条十分重要，否则我们便会失去我们的本来面目，便会成为无源之水，也就无法走向未来。

第二，指出了中华传统美德是中华文化精髓，蕴含着丰富的思想道德资源。这就为我们揭示了社会主义核心价值观，要以弘扬优秀的中华传统美德为基础。

第三，他指出，对传统文化在扬弃中继承，在继承中创新。这就是说，社会主义核心价值观的内涵，既要有优良传统的文化精神，也要有时代精神，是二者的有机结合。

第四，他指出要用中华民族创造的一切精神财富，来化人育人。这就是说，弘扬中华民族文化，并不只是传承儒学那些道统，而是要弘扬全民族共创的优秀传统文化。同时也就是说，培育、弘扬社会主义核心价值观的根本目的是化民、育人。

尤其值得瞩目的是，习近平总书记在这次讲话中提到了一个"中华民族独特的精神标识"问题，而在同年的全国组织部长会议上又提出我们再也不能以GDP论英雄的思想。让人欣慰的是，思想道德文化建设终于被提升到一个民族的标识地位，这至少表明中国人的思想观念，并不落伍于世界潮流。

并不受人欢迎的亨廷顿生前给他的祖国提出的警示忠告，竟是如何弘扬他们没有多少历史和文化的"传统文化"："盎格鲁新教精神——美国梦"，以此为国家的"文化核心"问题。他讲道："在一个世界各国人民都以文化来界定自己的时代，一个没有文化核心而仅仅以政治信条来界定自己的社会，哪有立足之地？"所以，他提醒他无限忠于的祖国，一定要巩固发扬他们自入居北美以来，在新教精神基础上形成的"美国梦"理念的"文化核心"地位，这样才能消解这个国家的民族与文化双重多元化的危机。为此，他甚至预言美国弄不好会在本世纪中叶发生分裂。而且他公开预言不列颠大英帝国也会因民族与文化多元化的问题，导致在本世纪上半期发生分裂。

西方的一些专家学者们也十分强调国家民族文化的地位问题，柏克说："全世界的人根据文化上的界限来区分自己。"丹尼尔同样说："保守地说，真理的中心在于，对一个社会的成功起决定作用的是文化，而不是政治。开明地说，真理的中心在于，政治可以改变文化，使文化免于沉沦。"这些语言也可能有它们的局限性与某种非唯物性，但至少可以让我们看到那些发达的资本主义国家在想什么，至少与马克思主义经典作家们，关于意识形态并不总是消极被动地接受它的经济基础的论断并不相悖。

中国显然具有世界上最悠久的民族文化，同时显然也拥有世界上最强大的政治优势。新中国包括它直接进入社会主义的经济形态，以及其后的一次次经济变革，哪一次不是靠政治力量在强力推动呢？它当然同样拥有让我们几千年的民族文化"免于沉沦"的能力。有学人认为我们的民族文化早就被以往一次次的历史性灾难割裂了，这个看法显然都是毫无道理的。但我们当下却确实面临着"两个传统"失传失统的危险。中国的传统文化与优秀的民族美德，在当代国民中还有多少传承？老一代中国共产党人用生命与鲜血铸就的光荣革命传统，在党内还有多少"光大"？我们现在全民族的"核心文化"到底在何处？"社会主义核心价值观"的提出不仅符合世界潮流，也是使我们优秀的民族文化得以传承而不发生历史断裂的根本保证。富和强永远都不是一个民族的标志，哪个国家不可以富，不可以强？但能代表中国"这一个"本来面目，具有自己民族特色的，唯有中华民族的文化，能代表中国人形象的只有中国独具的道德人格。什么是人格？人格就是原始戏剧中不同角色的本来面目。

　　综上所述，我们是不是可以这样认为，社会主义核心价值观应内含如下的成分：中华民族传统文化中的优秀传统美德；中国人民近现代反帝反侵略反封建的爱国主义、斗争精神与中国共产党领导下形成的几十年光荣革命传统；中国化了的马克思主义有中国特色社会主义的共同理想；与"中国梦"远大目标相适应的时代精神。由这些内涵构成的社会主义核心价值观，用它来干什么呢？用习近平总书记的话来说就是"化人""育人"，把它再具体化一下，无非是打造能体现中华民族特色，代表中国形象的国格、人格。在思想道德层面上，一个国家的民族精神也只有在人的身上才能体现，所以我们依据社会主义核心价值观的基本要求，针对当代青少年的实际情况，策划了《中国人格读库》这样一套大型系列选题。

　　本套书承蒙全国少工委、中华文化促进会、团中央中国青年网三家共同主办推广，并积极提供书稿。难得高占祥老前辈热情出任该套书的编委主任，且高占祥同志不辞屈就加盟主创作者队伍。一些大学、中学教师与青年作者也积极加盟此套书的编写。该选题被国家新闻广电出版总局列为2014年全国社会主义核心价值观重点选题，在此一并鸣谢。

希望本套书的出版能为社会主义核心价值观的培育与弘扬，为促进青少年的道德人格养成起到积极的作用。欢迎广大读者与作家对不足之处批评教正，多提宝贵建议与指导意见。

谨以此代出版前言并序。

二〇一四年十月

于北京时代华文书局

引言

　　台湾，是中国固有的领土，是祖国的宝岛，早在历史上很早就与大陆有千丝万缕的联系了。在三国时期，吴国孙权就派卫温率万人船队到夷州（今台湾），加强了大陆与夷州的联系；隋朝炀帝杨广三次派人至琉球（今台湾）；元朝设立澎湖巡检司，加强对台湾的管辖，并每年从那里征收税赋，成为国家税收的来源；17世纪初荷兰殖民者对中国大陆东南沿海和台湾的侵略，使台湾人民处于水深火热之中，台湾被荷兰殖民者长期占据。1662年民族英雄郑成功率军在台湾登陆，在当地人民的支持下，经过九个多月的战斗，于第二年二月一日迫使荷兰侵台长官揆一投降，将其全部赶出台湾，结束了荷兰在台湾的三十八年的殖民统治。其实在中国近代史上，台湾也有很多像郑成功这样的民族英雄。中国近代史，是一部屈辱史，但更是一部抗争史。台湾军民抗击日本侵略，是中国近代史不可抹去的重要部分。"春愁难遣强看山，往事心惊泪欲潸。四百万人同一哭，去年今日割台湾。"这首有名的《春愁》正是著名的爱国诗人、台湾抗日领袖丘逢甲先生所写。从台湾被割的那一刻起，台湾人民的抗日斗争就没有停止过。

历史是一面镜子，能够照进现实。台湾人民自古以来就有着崇高的爱国精神。台湾人民的那种不畏强敌、敢于抗争的品格也正映照着中华民族伟大的民族精神。

今天我们重温台湾军民抗击日军侵略的斗争，回顾那些血火硝烟战场上高大的身影：爱国诗人丘逢甲、黑旗军首领刘永福等等，一方面学习他们可歌可泣，不屈不挠的民族精神，一方面认识到两岸血浓于水，希望早日实现祖国统一，实现中华民族的伟大复兴。

1895年的台北城

目录

一、保卫台湾

　　近代台湾经过荷兰殖民者的长期掠夺，社会生产力十分低下，经济落后。郑成功收复台湾后，制定了对台湾开发的措施：一、逐夷，生产自救；二、建立郡县政权，整顿吏治；三、寓兵于农，合理安排垦殖；四、推广先进农业技术，加强农田水利建设；五、开展海外贸易，加强对外商业文化交流。经过郑成功的开发，台湾的经济、政治、文化等都有了很大发展。郑成功死后，他的儿子郑经接替郑成功，也对台湾的发展发挥了作用。郑经后来将政务交由长子郑克臧处理。郑克臧聪明能干，做事井井有条，从来没有过失，也很受郑经的宠爱和信任。郑经病逝后，冯锡范毒死郑克臧，立11岁的傀儡郑克塽为延平王，冯锡范骄横跋扈，贪赃枉法，大失人心。借助这一机会，1664年施琅建议出兵台湾，清政府派他率兵收复金门、厦门等地，预备"进攻澎湖，直捣台湾"，称为"四海归一，边民无患"。1683年6月施琅收复台湾，台湾重归中央管辖。

郑成功

在1883年的中法战争爆发前，台湾只是作为一个道归福建省管辖，称为台湾道。中法战争爆发后，台湾由于它独特的地理位置和储备资源，在中国东南沿海地区的战略地位进一步突出。清政府也感到必须加强对台湾的管辖，如果台湾一旦失守，中国的东南沿海地区就会门户洞开，受到严重威胁。1885年10月，醇亲王等人提出了"台湾要区宜有大员驻扎"的观点。清政府准备将台湾单独设省，不再归福建直接管辖，台湾巡抚事宜由闽浙总督兼管，并命刘铭传为首任台湾巡抚。刘铭传是在中法战争中力战保台的著名将领，淮军出身，军事能力突出，他也是曾国藩和李鸿章十分欣赏的将领。战争结束后，由于刘铭传的功劳和对台湾的熟悉，清政府命令他驻守台湾。在台湾期间，刘铭传派人勘察走访，了解风土人情，他认为只有这样才能更好治理台湾。1887年11月，他上奏朝廷，提出了重新划分台湾行政区划的方案，皇帝看后大喜，立刻同意了他的方案。刘铭传方案的主要内容是：第一，在台中的彰化地区设立省城；第二，增设台东直隶州；第三，将基隆、澎湖、埔里社等地设置为厅，加强海防；第四，台湾官吏的设置要与大陆相同；第五，原有的各个机构，多的裁撤，少的增加。这样一来，台湾政区由二府三厅八县扩大为一州（台东直隶州）、三府（台湾、台南、台北）、四厅（埔里社、澎湖、基隆、花莲港）、十一县（台湾、彰化、云林、苗栗、安平、凤山、嘉义、恒春、淡水、新竹、宜兰）。刘铭传就任首任巡抚后，兴办教育、加强团练、团结当地少数民族、修造铁路、开办邮电事业、开发经济等，多管齐下改变台湾的落后面貌，加速台湾的开发建设，可以说刘铭传对台湾的开发功不可没。

从郑成功收复台湾到清政府设立台湾行省，台湾已经从一个荒蛮的小岛发展为一个比较富裕的地区，至中日甲午战争爆发前，台湾每年赋税收入已经达到三百多万两。

19世纪后半叶，日本明治维新之后，走上了资本主义道路，日本的国力增强，欲望也越来越贪婪。在1887年，日本参谋本部已经制定了侵略计划，这就是"大陆政策"。其中第一步就是攻占台湾（日本对台湾早已垂涎三尺），第二是吞并朝鲜以威胁中国，第三是进军满蒙，第四是灭亡中国，第五是征服亚洲，进而称霸世界。而甲午中日战争就是日本实现"大陆政策"前两个步骤的重要环节，日本向中国挑起战争，打败了这个五千年文明的古国，割占土地掠夺资源，倾销商品，从而实现它以战养战的目的。

与日本形成鲜明对照的是，此时的中国在清政府的统治下日趋没落，已经进一步沦为半殖民地半封建社会，巨额的战争赔款，使广大百姓被压得喘不过气来，社会矛盾重重，苛捐杂税繁多。从19世纪60年代，一些开明的地主和官僚士大夫开始向西方学习，提出了"自强"和"求富"的口号，主持建立了很多军事和民用工业，同时组建了中国近代化的海军，使清朝统治出现了所谓"同光中兴"的局面。但是这

日军登陆台湾后建立补给站

只不过是回光返照罢了，中国国力衰微而日本逐渐强大，日本对中国的野心也日益上升，大战一触即发。

中国在甲午战争中战败后，中国代表李鸿章奉慈禧太后之命去日本和日本首相伊藤博文签订了丧权辱国的《马关条约》。《马关条约》规定：割让辽东半岛、台湾岛、澎湖列岛及其附属岛屿给日本。此外，在《马关条约》中规定，台湾岛上的居民有两年的过渡期可以自由选择国籍。在两年内未离开台湾者，则自动取得日本籍。这是对中国主权的一次严重损害。《马关条约》签订后，"台湾全岛、澎湖全岛之各海口，并各府厅县所有堡垒军器工厂及属公物件"，全部交给日本。于是，中国各族人民长期开发和建设的台湾及澎湖就这样被割让给日本，台湾和澎湖列岛的人民成为日本的奴隶，为期长达半个世纪。

甲午战争爆发不久，福建水师杨岐珍与抗法名将、南澳总兵刘永福被调来帮办台湾军务，后来清政府又命令台湾布政使唐景崧与刘永福协助巡抚邵友濂办理防务。刘永福扩大自己的部队规模，建成了在后来抗击日本侵略军中发挥重要作用的"黑旗军"。台湾巡抚邵友濂害怕日本进攻台湾，借机调往内地，原台湾布政使唐景崧升任巡抚。唐景崧刚愎自用，嫉贤妒能，猜忌心强，使刘永福不得不去守备台南。这使得日本入侵台湾有了可乘之机。

从得知《马关条约》签订那一刻，台湾各阶层人民喊出

李鸿章

了惊天动地的口号；"宁愿人人战死而失台，也绝不拱手而让台。"《马关条约》中割让台湾给日本的条款，激起了台湾广大群众的无比愤慨，他们采取各种方式，掀起了一场轰轰烈烈的保台运动。参加这场运动的不分男女老幼，也不分地位高低，各行各业的人士都自觉地投入运动中去。这充分体现了台湾人民强烈的爱国精神，不甘心做亡国奴的决心。为了迫使清政府能够改变割让台湾的初衷，同时也为了抗日，台湾民众自发组织起来，采取了一系列措施。这些措施主要有：

停止向清政府交纳厘金，直到清政府收复台湾，才向其缴纳。

停止向台湾的各盐馆继续出售食盐，以备战时之用。

台湾藩库的银饷，一律不准外运，全部留作抗日的经费。

在台湾各地的制造局不准停工，加快赶制武器，准备抵抗日寇。

台湾人民个个义愤填膺，大骂李鸿章等人的卖国行为，坚决反对日本侵占台湾。彰化县士绅在县衙张贴檄文，痛骂李鸿章"无廉无耻，卖国固位"，指出："我台民之父母、妻子、田庐、坟墓、生理、家产、身家、性命，非丧于倭寇之手，实丧于贼臣李鸿章、孙毓汶、徐用仪之手也"。这篇檄文的发布表现了台湾人民的爱国热情，也表达了对清政府妥协退让、出卖主权的痛恨。除了民众外，台湾的士大夫也活跃在保台运动中。户部主事叶题雁、庶吉士李清琦、安平举人汪春源等得知台湾被割让给日本的消息后，联合上书都察院，希望政府能积极争取，避免台湾落入敌手。台湾人将保台抗日付诸行动，他们敲锣罢市，要求所有的税收都应是留作抗日之用。这时的台湾人民已经自发组织起来，准备与日寇决死一战。很多的爱国士绅自己变卖家产，组织义军。其中的淡水士绅孙子堂愤然表示"国家土地不可尺寸予人，大好海疆不忍沦为异域！"他们购买武器，操练乡勇，时刻准备着迎敌，正如当时的报纸《申报》中提到："君可欺，而我民不可欺"，"官可玩，而我民不可玩"。台湾广大人民群众决心用生命保卫台湾，抗击日寇。

在反对割让台湾的同时，正在北京应试的台湾举人们还对清政府内部各种卖国言论进行批驳。他们怀着对故乡台湾的深厚感情，只相信一条路，那就是抗战到底，绝不退让。

清政府对外妥协退让，对祖国各阶层人民对台湾的支持置若罔闻，最终还是承认了《马关条约》，这使台湾军民被迫开始了一场声势浩大的反割台斗争。

当台湾人民得知割让台湾已成定局，以丘逢甲为首的台湾士绅在台北筹防局开会，前驻法参赞陈季同提出："民政独立，遥奉正朔，拒敌人。"丘逢甲提议台湾自主，立即引起了强烈的反响。全台湾的忠义之士纷纷激昂慷慨，支持丘逢甲。不久，台湾绅士们以全体民众的名义，发表了《"台湾民主国"独立宣言》。丘逢甲不久就联合当地官员林朝栋、陈儒林等人成立"台湾民主国"，推举唐景崧担任总统。年号为"永

《马关条约》签订场景

清"，意思是永远隶属于清朝，国旗是"蓝地黄虎"。

"台湾民主国"是在清政府放弃台湾，而外交、军事尚未绝望的情形下，为了救亡图存，台湾士绅阶层在广大人民群众的支持下，采取的一种应急措施。这一措施在反对日本的侵略、维护民族独立方面发挥了积极作用。

后来随着日本的不断入侵，"台湾民主国"瓦解。它虽然失败了，但是台湾人民的斗争并没有结束，一直持续了半个世纪，直到抗日战争结束。

反割台斗争最早是由丘逢甲等人领导的。丘逢甲（1864—1912），客家人，字仙根，又字吉甫。他原本中过进士，但他无心仕途，在台中、台南等地办教育。甲午战争爆发后，丘逢甲忧国忧民，对台湾的安危更是担忧，他说："日人野心勃勃，久垂涎于此地，彼讵能恝然置之乎。"丘逢甲也曾幻想政府能收回成命，但这种幻想不久就破灭了。在日寇进犯之前，丘逢甲感到台北兵力空虚，建议唐景崧调刘永福的部队北上，但是唐景崧与刘永福私怨甚深，无论丘逢甲怎样苦苦劝说，唐景崧坚决不下命令。1895年5月29日，日军从基隆以东登陆，占领了三貂岭。6月2日，基隆遭到日寇猛烈攻击，在第二天陷落。唐景崧所率的军队，军无斗志，战斗力低，军纪败坏，导致节节失利。6月4日，溃兵在台北市内闹事，城内一片混乱，唐景崧狼狈逃到福建厦门，其余大小官员都逃之夭夭。日军在6月7日兵不血刃地占领了台北。

丘逢甲听到唐景崧逃跑，大怒道："误我台民，一至此极！景崧之肉其足食乎！"日本占领台北后，丘逢甲从苗栗起兵，率众抗击，与日军的主力发生遭遇战。虽然敌军炮火猛烈，极为猖狂。但义军不惧强敌，英勇反抗，战斗进行得异常猛烈。最后义军被分割包围，全军损失殆尽，丘逢甲只身回到大陆，轰轰烈烈的抵抗被日寇镇压下去。丘逢甲临走前写下了《辞台诗》，其中有一首是这样写的："宰相有权能割地，孤臣无力可回天。扁舟去做鸱夷子，回首河山竟黯然。"激愤之情，跃然纸上。

丘逢甲内渡后，日寇知道他在台湾的影响力和威望，派人去大陆打探丘逢甲的行踪，还派来说客，企图威逼利诱，让丘逢甲投靠日本人，被丘逢甲严词拒绝。日本人诱惑不成，便烧毁了丘逢甲在台湾的故居柏庄以泄愤。

丘逢甲身在大陆，心里却念念不忘台湾的事情。他定居广东的时候，在住宅处挂了一块匾，题上"念台"，改自己的居室为"念台精舍"，甚至把自己儿子丘琮的名字改为丘念台。他坚信台湾一定会回到祖国的怀抱，寄语台湾父老勿忘祖国，"为言乡父老，须记汉官仪"。他常常独自站在海滨，遥望感叹，写下了许多怀念台湾的诗篇，其中"已分生离同死别，不堪挥泪说台湾""不知成异域，夜夜梦台湾"等诗句，非常悲愤感人，表达了诗人对台湾的怀念和强烈的守土抗敌的爱国之情。

支持变法的光绪皇帝

后来，丘逢甲投身于教育事业，在广东等地开设书院讲学，兴办教育，培育人才。后来丘逢甲拥护同盟会，掩护其革命活动，大力支持革命事业。1912年2月丘逢甲死于家乡镇平县（今广东省蕉岭县淡定村），终年四十九岁。在弥留之际，他还叮嘱家人将他的墓穴对着台湾，表示自己永远不能忘了台湾。他的一生著述颇丰，大多数都和台湾有关。

丘逢甲是抗日的民族英雄。他的一生都奉献给了台湾解放事业，值得我们永远怀念。

丘逢甲的抗日运动失败后，在台湾又兴起了抗日义军，其中的代表就是徐骧、吴汤兴、姜绍祖。新竹之战和彰化之战，平民英雄徐骧挺身而出。徐骧，字云贤，庠生出身，台湾省苗栗县人，祖籍广东，甲午战争时期执教于苗栗头份庄，抗日英雄原来是一个教书先生。

1895年6月，日军侵入台北。徐骧投笔从戎，甘愿捐躯赴国难，他决心组织群众，抗击日本侵略军。徐骧当众演说，激发听众强烈的爱国主义精神，他说："人自为战，家自为守"，"举吾民之骨肉与全台俱尽焉！"他的演讲铿锵有力，掷地有声，表达了台湾军民抗击日本的决心和强烈的爱国情感。

日本入侵台北后，命令先遣军到台湾的中坜、大湖口、新竹一带进行侦察，准备寻找有利机会南侵。徐骧与吴汤兴、姜绍祖等爱国志士组成了一支声势浩大的抗日队伍，随时准备打

唐景崧

击南侵的日军。

6月21日，日军由中坜进攻大湖口，徐骧与吴汤兴率领义军参战。他们凭借着大湖口兵营的围墙，抵抗日军很长时间，给日寇以沉重的打击。后来日军炸毁围墙，义军才撤出大湖口。日军虽占领新竹城，但受到军民的一致打击和英勇抵抗，指挥官桦山资纪不得不改变计划，暂缓南进。吴汤兴失败后新竹和台北之间的义军继续抗日，他们利用房屋竹林作掩护，神出鬼没，延缓日军的进攻。6月20日，吴汤兴在新竹陷落后的第三天，联合姜绍祖、杨载云反攻新竹，但攻城失败了。7月10日，义军又开始进攻新竹，日军败退。7月17日，第三次反攻新竹的战斗开始了，由于消息泄露，日军早有防备，阵地反复易手。7月18日，姜绍祖率部二百余人向新竹再次发动进攻，战斗激烈非常。徐骧的部队和姜绍祖的部队相互配合，攻势猛烈。驻守新竹的日军惊恐万状，一度企图毁城逃跑，避免被全歼。在广大群众的支援下，徐骧、姜绍祖等人指挥的新竹反攻战取得一定胜利。但是到了后来，新竹战场上的形势发生了巨大变化，日本的军力物资等都得到了补给。姜绍祖在带领人攻城时，不幸遭遇埋伏，义军被截成了两段，力量遭到削弱。日军得到休整后，开始反扑。姜绍祖带兵浴血奋战，力竭不支，只能撤入竹林里继续战斗。日军包围了竹林，姜绍祖苦战不退，因为弹尽粮绝，许多义军将士壮烈牺牲。姜绍祖率领义军几次突围都没有成功，最后壮烈殉国。新竹战役先后进行

休息中的日军

大小20多次战斗，牵制了日军一个多月，极大地鼓舞了台湾各族人民的抗战决心。

日军占领新竹后继续向南进攻台中。日军南犯台中的第一步就是要攻下苗栗北方的尖笔山。这时的尖笔山已经成为了新竹失守后义军的第一道防线的前哨阵地。集中在这一地带有徐骧、吴汤兴、杨载云、邱国霖各部七千余人。8月8日凌晨，日军分左右两翼进攻尖笔山前的枕头山。徐骧率领五百余人在枕头山迎战日军，因寡不敌众退守尖笔山。9月，日军以优势兵力三个步兵联队，在三艘兵舰的配合下，大举进攻尖笔山阵地。徐骧、杨载云、吴汤兴等分头迎敌。义军熟悉地形，巧妙躲开了日军的锋芒，纷扰敌人的后路，给敌人以沉重的打击，最后因为兵力和弹药不足，尖笔山被日军攻陷。8月14日，苗栗失守。

日军攻陷苗栗后，气焰十分嚣张，准备继续南下进攻彰化。想要进攻彰化，一定要经过台中地区门户大甲溪，若不能占领大甲溪，就不能进犯台中，而台中位置重要，背山面海，可以控制全台。因此大甲溪的得失，具有重要的战略意义。为取得这次战役的胜利，徐骧在战前和义军各位首领讨论战场形势："我军势弱，又无大炮，不利正面交锋，只能利用大甲溪支流纵横的有利地势，广设伏兵，诱敌深入后突然伏击，必能制胜。"这意见得到了大家的赞同。作战当天，日军刚渡过溪水一半时，义军齐声呐喊，从埋伏处杀出，把日军横截两段。

战士们勇猛冲杀，使敌军一时大乱，纷纷落水，尸体让溪水不流。日军在大甲溪受到重创，是台湾军民有勇有谋、团结一致的一次经典战役。但由于义军兵力处于劣势不敢恋战，只能撤出大甲溪。

8月28日，日军进攻彰化城的八卦山。徐骧与吴汤兴等率众抵抗，多次打退敌人的进攻。日军最后迫不得已，收买汉奸抄小路爬上山顶。义军在徐骧、吴汤兴的指挥下，与敌人展开了惨烈的白刃战。八卦山上，杀声四起，火光冲天，硝烟弥漫，尸横遍野。在这场战斗中，许多英勇的爱国士兵，为保护家园，奋勇杀敌，壮烈牺牲。

日军见不能取胜，一边抽调援军，一边用大炮猛烈地向山上轰炸。吴汤兴见此情形，亲自率领三十多个战士向敌人扑去。由于敌众我寡，吴汤兴不幸中弹牺牲，时年36岁。这位爱国将领虽然英勇牺牲，但他的精神却永远值得人们怀念和敬仰。有诗这样称赞他说："书生抵死在疆场，志士不忘在沟壑。城存与存亡与亡，万民空巷吞声哭。"吴汤兴死后，徐骧带领剩下的士兵杀出重围，退守嘉义。日军攻陷彰化。

10月8日，南犯的日军兵临嘉义城下，嘉义告急。镇守嘉义的义军首领徐骧和黑旗军首领王德标见敌人来势汹汹，感到兵力不足，不能和日军硬碰硬，他们决定采用地雷战杀伤敌人。在日军到来之前，他们预先在城外埋设地雷，每个地雷之间用药线连接，地面上进行了巧妙的伪装。布置妥当后，义军撤离营地，由徐骧率领埋伏在营地附近。当晚，放完排枪后，败退入城中。日军当晚占据义军营地。半夜，徐骧、王德标派出敢死队到营地附近，迅速点燃地雷的药线。只听轰隆隆几声巨响，地雷连续爆炸，睡觉中的日军被炸得血肉横飞。徐骧等趁敌人混乱之际，率军杀入敌营。这一仗日军被炸死七百多人，义军大获全胜。

第二天，日本侵略军像被激怒的野兽一样，疯狂向嘉义进发。日本从东、西、北三面猛攻，枪炮轰鸣，杀声震天。徐骧在城墙上挥刀亲自指挥，奋力死守。日军凭借着强大的火力，一小时发炮一百八十余发，义军伤亡惨重。徐骧的义军与王德标的黑旗军一起奋力抵抗，他们冒着敌人的炮火，杀出了一条血路，退往曾文溪，嘉义城迅速被日军占领。

嘉义失守后，日军纠集了近卫师团、第二师团的全部兵力近四万人，在海军的配合下，水陆夹击台南。10月10日，由布袋咀登陆的日军疯狂进攻曾文溪。曾文溪距离台南府只有二十公里，是台南府的重要防线。在曾文溪的战场上，徐骧等人率领士兵与日军展开了拼死决战。日军凭借自己先进的武器、猛烈的炮火支援，陆军和海军共同作战。而台湾义军既没有炮火支援，粮食弹药又不足，也没有任何的海军支援。将士们一个个都奋勇杀敌，义愤填膺，士气极为旺盛。徐骧自己身先士卒，冲在战场第一线。激战中，徐骧不幸中炮牺牲，仅38岁。临死前，他仍然振臂高呼："大丈夫为国捐躯，死而无憾！"

时人评价徐骧说："弃父母，捐顶踵，以为国争尺寸之土。若徐骧人者，犹可敬矣。"他是一个可歌可泣的民族英雄。自从台湾遭到日军入侵以来，徐骧领导义军出现在各个重大战役中。徐骧作为领导者总是身先士卒，辗转在台北、台中、台南各战场。他为中华民族抵御外侮的事业作出了巨大贡献，他在台湾人民反割台斗争中立下了丰功伟绩，其精神永远值得我们怀念。

1895年的台湾高雄信号台

二、"黑旗军"的战斗

刘永福，字渊亭，广西钦州人。刘永福原来是天地会成员，反清的黑旗军将领。1883年他率领黑旗军参加中法战争，大败法军，一时扬名朝野。1865年，刘永福曾率领队伍参加吴亚忠领导的起义队伍，以七星黑旗为军旗，因此被称为黑旗军。刘永福先任前敌先锋，后为左翼大帅，有勇有谋，曾多次立下战功。1867年，清军进攻吴亚忠的黑旗军，第二年刘永福率余部三百余人从归顺州大岭进驻保胜，在这里发展生产，练兵备战。队伍很快发展到两千余人，刘永福治下的黑旗军，军纪严明，因此深受当地群众拥护。

1873年，法国侵略军进攻越南河内等地，由于越南军队战斗力低下，首都沦陷。在越南国王的请求下，刘永福率黑旗军与越军联合作战，在河内的西郊大败法军，消灭安邺上尉等数百名法军，刘永福乘胜追击，收复河内。次年，越南的国王授予他三宣副提督，兼管三地的军事防御，地位非常显赫。

1883年，法军占领越北南定，随后，法军准备进犯广西。刘永福率领三千兵马在河内城西纸桥地区阻击敌军，由于黑旗军作战勇敢，同仇敌忾，在战斗中大败法军，并且击毙法国司令官李维业，这一战大挫法军的锐气。这使得刘永福名声大噪，在越南甚至家喻户晓，变成了大英雄。越南国王封刘永福一等义勇男爵。

1884年，法国不甘失败，派出精兵五千余人大举进攻越南，准备以越南为跳板进攻中国。不久法军先占领了越南红河地带，又派出海军进攻宝岛台湾的基隆港。形势十分严峻，如果不出兵则台湾不保；越南失陷，则中国南方危险。清政府被迫向法国宣战，任命黑旗军将领刘永福为记名提督。刘永福为了民族大义，率黑旗军联合清军向法军进攻，他指挥部队包围了宣光城，采用"围点打援"的战术，第二年三月伏击法国援军，接着又取得临洮大捷，收复广威城。

1885年冬，刘永福率黑旗军将士3000人回国，清廷下令裁减，只剩下1200人，次年又逐渐裁减至300人。

1895年，中日甲午战争爆发，台湾在军事上的重要性越发突现。清政府命令刘永福去台湾帮助台湾巡抚邵友濂办理军务。8月，黑旗军两个营开赴台北，后来由于唐景崧的原因驻守台南，扩大到八个营，仍然称为黑旗军。

1895年6月初，日本进军台北。在广大人民群众的强烈要求下，驻守台湾的刘永福表示将死守台湾，同广大群众一起抗

刘永福

击日寇的侵略。刘永福看到台中危机，派副将杨紫云部从台南移防台中，统筹全局。台湾士绅举行集会纷纷推举刘永福为台湾抗日的军政首脑，刘永福深感鼓舞，庄严宣誓："自问年将六十，万死不辞，……愿合众志成城，执梃胜敌"。徐骧的义军对刘永福的黑旗军表示欢迎，主张军民团结，共同抗敌。6月28日，台南地方士绅要求刘永福继任"台湾民主国"总统，领导抗日。刘永福拒不接受，仍然以"帮办"为名，领导抗日。刘永福统筹全局，将部队分配到各个要隘处，并且派人接替离开台湾回大陆的大小文武官员的职位，积极领导全台的抗战运动。

日军在占领台北后，并没有停留，而是想一鼓作气立即南下进攻新竹。新竹告急，刘永福命令他的副将杨紫云，统领所部和台湾吴汤兴、徐骧等人领导的义军联合起来打击日军，双方在新竹相持了一个月，各有伤亡。8月初，黑旗军联合徐骧的义军进攻新竹，取得了新竹大捷的骄人战绩。8月23日，日军大举反扑，准备收复新竹。黑旗军将领吴彭年率领部队背后袭击，拖住敌人。刘永福闻讯后，急电各营："不要放松警惕，要提防日军进攻大甲溪。"此时刘永福已经明白日军的真正用意，此乃声东击西。急速命令部下忠满等人率兵迅速赶到彰化，准备战斗。果然不出刘永福所料，忠满还没到彰化，大甲溪已经被日本占领了。大甲溪战役后，台中空虚，刘永福为加强台中军力，派黑旗军四营抵达彰化抵御南下日军。这时台中抗日力量虽然有所增加，但和日军相比还是力量悬殊。吴彭年率领黑旗军退守彰化城北的八卦山。28日，日本大举进攻八卦山。吴彭年、吴汤兴相继牺牲。黑旗军精锐的七星队三百多人也力战牺牲。八卦山及彰化失守。不久，云林、苗栗也被攻陷。日军的铁蹄已经逼近嘉义。在这个危急的关头，刘永福"亲赴嘉义前敌诸营，指授兵机"，又命令部下王德标镇守嘉义城。嘉义告急，刘永福只好命令杨泗洪统率黑旗军，和义军联合起来利用地形节节抗击。各路义军也是相互配合，一连获得几次大捷，联军相继收复云林、苗栗，开始进军彰化，军威大振，将士们个个同仇敌忾，气贯长虹。正在台湾军民斗志高昂的时候，后勤却发生了困难。台湾抗日义军的武器弹药和军饷严重不足，刘永福只能派人去内地筹集饷银。但是由于清政府的阻挠破坏，派出去的人只能空手而归。在几乎弹尽粮绝的情况下，刘永福想尽办法筹集来的饷银，却只能勉强够营中的将士糊口，到后来连伙食已经不济了，战士们虽然英勇，但也是"巧妇难为无米之炊"。刘永福仰天长叹道："内地诸公误我，我误台民。"可想而知这位爱国将军此时的心情。

9月11日，日军增援台湾的陆军第二师团已经到达台北。在海军的配合下，日军海陆夹击，凭借坚船利炮迅速向南进攻。10月9日，日军攻陷嘉义。随后，日军兵分几路进发台南。15日，日本舰队进攻台南的打狗港。刘永福派他的儿子刘成良率军抗击，为了守住台南的防线，黑旗军血战数日，部队因为饥饿难耐，疲惫不堪而溃散，刘成良只好退守台南。这时，刘永福已经认识到面临的危机，为了保存抗日实力，刘永福不得不写信给日本海军军令部长桦山资纪，建议桦山资纪休兵，希望议和，采用谈判的形式解决问题，但却被桦山资纪拒绝。

10月8日，刘永福召集众将领开会商议，讨论如何防御进犯日军，但是没有结果。当天，台湾守军因没有粮食大多溃散，形势十分严峻。19日，日军进攻安平炮台，安平炮台是重要的防御阵地，也是台南的屏障。刘永福亲自上阵，瞄准敌人发炮，击杀大量日军，他的勇猛一点也不比当年抗法的时候差。当晚，日军紧急攻城，在猛烈的炮火掩护下，日军的进展十分顺利。城内百姓恐慌，军心大乱同时又有土匪趁乱抢劫杀人。刘永福得到情报后，想要回城内坚守，被部下拦截劝阻说："台南大势已去，军心涣散，各路日军大兵将至，这座城已经守不住了，请大帅快快撤离。"刘永福见事不可为，忍不住仰天大哭，捶胸说："我何以报朝廷，何以对台民！"他一心想进城救援，但始终被部下拦住不放，众人一致要求刘永福内渡，在这样的形势下他不得不乘坐英国轮船"多利号"回到大陆。21日，日军占领台南。刘永福领导的台湾军民抗日反割台斗争就此失败。

刘永福领导的抗日斗争虽然失败，但他们在内无粮饷，外无增援的情况下，坚持和日寇作战四个多月，面对日本侵略者两个师团和一支海军舰队的疯狂进攻，英勇不屈，沉重地打击了侵略者的嚣张气焰。侵台日军共有五万余人，因伤亡和疾病被迫撤回日本的就达到了三万两千多人、其中死亡四千六百人。侵台日军的头目，日军近卫师团长中将北白川能久亲王和陆军少将山根信成都死在战场上。

刘永福回到大陆后，从漳州到广州，一路上受到当地民众的热情迎送，百姓对抗日的英雄心怀敬意。1902年，刘永福担任广东碣石镇总兵之职，这也是刘永福在官场上担任的最后职位。1915年，袁世凯政府承认日本提出的"二十一条"，这个消息传到将近80岁的刘永福耳朵里，他感到义愤填膺，要求重上战场和日本人决一死战。1917年1月，刘永福病逝，尸骨被埋葬在广东惠州城内。刘永福一生都在为抗击外侮而战斗，可以说死而后已，这和北宋老将宗泽将军的三声"过河"有着异曲同工之妙。

临终前，刘永福写下遗言："予起迹田间，出治军旅，一生惟以忠君爱国为本。无论事越事清，皆本此赤心，以图报称。故临阵不畏死，居官不要钱，虽幸战绩颇著，上邀国恩，中越均授以提督之职，居武臣极地，亦可谓荣矣。然予心惕惕，终不以官爵为荣，只知捍卫社稷，不使外洋欺我中国为责任。此身虽老，热血常存。现今国事日危，外强虎视，若中政府不早定大计，任选贤将，练兵筹饷，振起纲维，各省督军不知和衷共济，竭力为国，以救危亡，因循坐误，内乱交作，蛮夷野性，必乘机入寇，割据瓜分，亡国奴隶，知所不免。吾今已矣，行将就木，恨不能起而再统师干，削平丑类，以强祖国。儿曹均已成立，各宜发奋为雄，抱定强种主义，投军报效，以竟予未了之志。倘为国用，自宜竭力驰驱，不惜以铁血铸山河，强大种族，以期臻于五大洲最强美之国。若不能见用于时，亦宜将于之遗嘱，遍告当轴名公，求其人告大总统，务以尊贤任能为急务。远小人，贱货色，严边防，慎取舍，旁求山林逸才，延揽智谋健将；惜民力以裕财源，养民气以威夷狄；集群策群力，以鞭笞天下，则天下之尚力者，自然入我范围而不敢抗。如是，则国基巩固，国势富强，吾虽死，九泉之下，亦将额首而颂太和。"刘永福的遗言，表现了一代抗日英雄忧国忧民、抗敌报国的雄心壮志。

后人对刘永福有着很高的评价。革命家孙中山说："余自小即钦慕我国民族英雄黑旗刘永福！""洋务运动"的代表、湖广总督张之洞说他是为数千年中华吐气的义勇奇男子。"将军英勇无比，堪称北圻之长城。"越南北圻督统黄佐炎这样评价他。曾经和刘永福作战的法国将军孤拔说："刘永福这些人的英勇气概实在是太神奇了！"北洋大臣、直隶总督李鸿章说刘永福"真乃高人一筹，诸统领莫及焉！"民国总统黎元洪用"钦州渊亭，国之宿将"八个字，概括了刘永福将军的赫赫战功。

在刘永福身边，还战斗着不少可歌可泣的英雄，同样值得我们怀念和敬仰。

北洋水师战舰

王德标是刘永福的老部下，也是他的心腹爱将之一。甲午战争爆发后，王德标跟随刘永福从广东南澳岛到台湾驻防，负责掌管刘永福亲军——福字七星队。

1895年6月初，日军登陆台北后立刻向台南进犯。8月下旬，日军进逼彰化，彰化告急。为了保住彰化，王德标奉刘永福的命令率领七星队向台南进发，屯兵在彰化城北十里的大甲溪北岸，吴彭年领导的黑旗军驻扎在大甲溪南岸，两军准备协同作战。王德标作战勇敢，有军事头脑，行伍出身的他身经百战，在大甲溪之战中更是大显身手。日军由于向南进行速度过快，粮食补给成了大问题。于是日军准备水路运粮，支援攻彰化的日军。为了不让日军的阴谋得逞，吴彭年率黑旗军在岸上阻击，水战出身的七星队下水牵制。七星队迅速下水，准备捣毁船只木筏，就在这个时候，突然冲出二百多日军攻击七星队。双方在近岸激战，两岸子弹打得就像下雨一样。训练有素的七星队迅速登上岸边，朝水边的敌人开枪，日军被迫下水隐蔽，运输船和木筏全都滞留在水中，后边的黑旗军缴获日军的两船米，还有另外一些粮食落在水中，日军的阴谋被王德标的英明指挥粉碎了。到了天黑的时候，战斗结束，七星队没有一人伤亡。

看到进军受阻，日军恼羞成怒。在8月27日，日军分左右中三路向守卫彰化城北八卦山的清军发动进攻，准备一举拿下八卦山这个屏障。早就听说七星队威名的日军近卫师团长、陆军中将北白川能久亲王，亲自指挥中路部队向七星队猛扑，想一举歼灭七星队。王德标感到了敌人这次来势汹汹，为了鼓舞士气，他身先士卒冲出阵地，向敌人冲锋。在他的感召下全七星队猛烈攻击中路日军，日军不能越雷池一步。在战斗中，王德标身上多处受伤，随从下属多次劝他撤下阵地，包扎伤口。王德标坚决不撤，而是坚持观察敌军动向，继续指挥部队进行截击。但是，由于日本收买汉奸，从小路进军八卦山，不久，日军攻陷彰化，为了防守台南，王德标被迫带兵退守嘉义。

王德标受伤后，一面养伤一面思考破敌之策，认为只有集中力量才能抵抗日军。他在嘉义养伤时派人联络义军，取得了信任后双方协同作战。八月末到九月初，先后收复了大蒲林、云林、苗栗等地，日军被迫退守彰化。

面对进攻不力，日本总部决定派兵支援驻台军。10月初，日本国内增援的日军四万人会和原有驻台日军大举南犯。10月15日，王德标率部在西螺溪、中浮洲迎敌。日军在强大的炮火优势下，迅速出击，王德标的部队被迫退到斗六镇。7日，日军攻占斗六镇；8日，日军乘胜分三路围攻大蒲林。日军装备精良，人数更是王德标军的十倍，云林又被日军占领，但是王德标和手下的战士们顽强作战，使日军每进一步都付出了血的代价。日军近卫师团第二旅团长在这场战斗中毙命，日军也付出了较大伤亡。大蒲林沦陷后，日军进军嘉义。

10月8日，日军兵临嘉义，嘉义告急。面对敌众我寡、敌

丘逢甲

强我弱的局面，王德标与义军领袖徐骧等商议，用地雷消灭敌人。这一仗日军伤亡七百余人，联军取得巨大胜利。10月9日，日军集中优势兵力向嘉义城猛扑，用重炮炸毁城墙。王德标率兵与敌人血战，在各路义军的配合下奋力拼杀，想保住嘉义城。但日军在炮火的支援下，首先攻破了防御力量薄弱的西门，接着，敌人如潮水从四面八方入城，四门都被攻破。王德标边打边撤，冒着日军的炮火杀出重围，嘉义城破，王德标只得退守曾文溪。

嘉义失守后，日军进攻台南。王德标率领部队在曾文溪抗敌，与敌人展开了最后的决战。此时黑旗军的状况十分惨烈，粮食弹药不足，也没有炮火支援，没有任何可以依靠的友军，残余的黑旗军和义军只能作出最后的顽强抵抗。在敌人的强大炮火下，联军损失殆尽。此战，王德标不知所终，应该已经在战场上殉国。王德标在台湾抗日斗争中值得记下悲壮的一笔，他是一位抗日的卓越将才。

吴彭年，字季笺，祖籍浙江余姚，吴彭年年少有为，文采出众。1895年春，吴彭年担任台北县丞，跟随刘永福黑旗军驻防台南，吴彭年负责批答公文。6月，台湾攻陷台北、新竹，想要趁势进犯台中，气焰十分嚣张。这时候，台中防御空虚，在危急关头，吴彭年自愿带领黑旗军增援，不久带领部队到达苗栗，与义军联合阻击日军南侵。

8月14日，日军进攻苗栗，吴彭年亲自上阵指挥。苗栗没有坚固的城墙，吴彭年的部队又没有经历过战火的考验，没有作战经验，作战失利。为了避免更大的损失，吴彭年只能率部撤退。

日军入侵苗栗后，气焰大涨，又继续侵犯台中、彰化。在大甲溪之战中，吴彭年和徐骧商量采用伏击的方式打击敌军。8月22日，南侵的日军前卫部队一千多人向大甲溪进军。吴彭年带领的部队拦腰杀出，乡勇数千人也来帮忙助战。日军腹背受敌，首尾不能相顾，惊魂落魄，纷纷落水，伤亡惨重。这场战役，体现了吴彭年高超的军事指挥才能，给日军以沉重的打击，大大鼓舞了抗日军民的信心。

由于实力悬殊，日军猛攻大甲溪。大甲溪失守后，日军进犯台中。吴彭年请彰化知县罗树勋派兵增援，与敌人相持了一昼夜，后因兵力悬殊撤退。

日军攻陷台中后，继续进军彰化。这时日军大兵压境，有人主张弃城逃跑，吴彭年阻止，慷慨陈词道："吾于台事毫无责守，区区寸心，实不忍以海疆重地拱手让敌！"听到的人都受到极大鼓舞，士气大增，愿与吴彭年一起保卫彰化。

8月17日凌晨，日军兵分三路进军彰化。吴彭年迎战的正是日本川村少将率领的右路军。当八卦山将要失守时，他立即率兵回援。吴彭年身先士卒，披荆斩棘，奋勇向前，同徐骧的残兵汇合，截杀日本侵略军。日军进攻失利，急忙调来增援部队，加强进攻火力。用大炮猛轰义军阵地，步兵随后进发，企图一举攻下八卦山制高点。吴彭年指挥士兵坚守阵地，面对敌人的冲锋岿然不动。日军在炮火的掩护下，继续进军，炮弹就像雨点那样落下，吴彭年身负重伤，经过包扎后继续战斗，誓死不投降。士兵们深受感动，一个个跟随吴彭年奋力杀敌。将士们饿着肚子，昼夜战斗，不能得到休整，疲惫不堪，弹药也随之告急。最后，吴彭年和大部分将士都血洒疆场，为国捐躯。他们为保护祖国领土完整不受外敌蹂躏，献出了宝贵的生命。

投笔从戎的书生吴彭年牺牲了，但他的爱国精神永远留在人民心中，被人们永久怀念。后来一个叫陈鞠清的人写下了诗篇《吊吴季笺》来纪念他："留得新诗作基铭，九原虽死气犹生。赤嵌湖水原非赤，却被先生血染成。"这首诗就是他慷慨就义、壮烈殉国精神的写照。

日军在南进的过程中，采取了烧光、杀光的政策，见房屋就烧，见反抗的群众或者反抗日本统治的人就杀，日军自己说："所到之处，我军烧光了房屋，追逐敌军，现在暂时集结于新竹县。"正是日军的种种暴行，激起人民不断地反抗，日军每前进一步，都要付出血的代价。

日军南下，先后攻占苗栗、台中、彰化、嘉义、台南等地，在一个个战场上，都有台湾军民抗击日军的身影。

日军越过大甲溪后，全力进犯台中。守军将领陈尚志和当地的义军一千多人，在头家厝迎敌，双方激战长达一昼夜。台

1895年台南城内的两广会馆

中城是台湾中部地区的贸易中心，四周物产丰富，商业繁盛。但这一带地势平坦，无险可守，布防比较困难。台中知府黎景嵩于是移兵到彰化，而台中则十分空虚。当地爱国志士林大春等，召集青壮年1000余人，协同其他义军，在台中北面的头家厝和沟倍庄一带埋伏待敌。

8月24日，日军进攻台中，台中人民自发组织起来抵抗。林大春率子弟千余人，在头家厝阻击日军。很多人藏在树上向日军射击，但终因寡不敌众，全部被日军杀害。日军放火焚烧村庄报复。26日，日军攻占台中。

日军占领台中后，便倾全力进攻彰化。义军在彰化城东的八卦山与日军激战。这次激战是台湾军民抗日史上的一次大会战，也是近代中国人民反帝斗争史上壮丽的一页。

彰化县城在八卦山下，八卦山壁立千仞，高耸入云，好像是一柄巨剑直立在天空。是整个台南的重镇，防守彰化重点在八卦山。

8月27日，日军近卫师团主力分三路向义军进攻。激战一天，敌人没能前进一步。到了夜里，日军左路从大竹庄附近山谷小路，悄悄爬上八卦山。28日早上，义军发现敌军已布满山谷，并接近八卦山东侧高地。日军精锐部队近卫师团千余人用快枪快炮进攻。抗日军英勇战斗，不怕牺牲，拼死肉搏。汤人贵、李士炳、沈福山等率部扑向日军，与敌人展开了白刃格斗。八卦山上炮火连天，硝烟弥漫，杀声震野，双方为争夺八卦山阵地展开了殊死战斗。义军首领吴汤兴、汤人贵、李士炳、沈福山等壮烈殉国。林鸿贵率黑旗军冲锋队七星队百余人冲入敌阵，夺吴汤兴遗体，又相继牺牲。

日军付出了惨重代价，才占领了八卦山。台湾爱国军民在彰化八卦山战役中前仆后继，表现了有我无敌、血战到底的英雄气概。八卦山争夺战堪称整个反割台斗争中最为壮丽的一场战斗。

八卦山失陷后，一些守军陆续进入了彰化城。日军架起大炮，猛轰彰化城。日军收买汉奸，汉奸趁乱打开城门放日军进城。他们立即搜索抗日志士，见了就屠杀，大量义军战士被残忍杀害。

城里秩序大乱，日军乘势进攻。城内老幼妇孺出西门避难，迎面遇到日军，尽遭残杀。日军入城后，守城义军与敌巷战半日，守将李仕高等在巷战中全部殉难。29日，彰化陷落。

彰化之战是台湾人民反割台斗争中的一场恶战。歼灭日军1000余人，使日军受到侵台后的最沉重的打击。特别是吴彭年、吴汤兴等将领的殉国，表现出台湾军民不畏强暴，视死如归，敢于斗争的精神，这种精神将会永远载入史册。

彰化失守，嘉义吃紧，台南震动。刘永福亲赴嘉义前敌军营，令王德标率七星队坚守嘉义，令副将杨泗洪率五营奔赴前敌，发动当地民众，组织武装，抗日自卫。同时派人联络附近的简精华、黄荣邦、林义成等义军，共同抗击日军进攻。简

1896年，日军在台北南门附近搜索义军

精华是简成功的儿子，简氏父子都是绿林出身，堪称"父子英雄"。父子二人率领民团抗日，给刘永福的黑旗军了很大的帮助，后来又被任命驻守台南，被封为斗六都司。黄荣邦和林义成都是绿林好汉，面对日本进犯台湾，义愤填膺，组织乡勇抗击敌人。

9月初，杨泗洪率领黑旗军和义军800多人北上抗敌。刘永福知道杨泗洪每战必身先士卒。刘永福爱惜将才，曾经写信给他，让他谨慎用兵。杨泗洪面对刘永福的劝告说："我如驱饥羊，搏饱虎，利在速战，机在勇决。我苟不先，士气少沮，无能为也。"

3日，杨泗洪率领黑旗军到达嘉义以北的打猫庄，得到情报说日军正驻扎在大蒲林街。当时日军对打猫庄已经侦察过一次，就放松了警惕，没有发现杨泗洪的部队。杨泗洪命令立即将大蒲林包围起来，抓住战机，迅速判断，迅速行动，在距离日军不到300米的地方，向敌军发起突然进攻。日军措手不及，有的日军士兵还在洗衣服、修鞋，洋洋得意地擦枪磨刀。面对和黑旗军的进攻，敌人惊慌失措，但由于敌军人数众多，黑旗军战斗不久就被迫撤退。

战斗结束后，日军决定派西村大尉从大蒲林出发，撤向他里雾防守。义军和黑旗军在日军行军路线上设下埋伏，日军受到阻击，伤亡惨重，只好躲在水田里，期待天黑之后再往他里雾跑。日落西山，天色将晚，日军趁着朦胧的月光狼狈向他里雾逃去。刚跑不多远，突然迎面遇到了三名日军士兵。通过询问得知，原来这三个人是留在他里雾负责接应的通讯骑兵，也是在突破黑旗军的包围圈后，突围逃出来的，并且想要去大蒲林向大部队求救的。其实，在杨泗洪黑旗军进攻大蒲林时，另一支500名的义军在黄荣邦的指挥下，乘虚而入，奇袭他里雾，包围了日本守军的宿营地，发起攻击。日军想迅速突围，尽快与主力部队会合，但是被义军关门打狗，日军只好守住大门。

就在日军想要依靠工事等做垂死挣扎时，黄荣邦亲自上阵，手拿大斧劈开大门，随后部队一拥而入。面对敌人的枪林弹雨，战士们英勇冲锋，日军士兵翻墙逃跑，战死、砍死、走散的不计其数。最后日军只有五十多个残兵狼狈走，一路上丢盔弃甲，身体上遍身污泥，十分狼狈。这时王德标的部队也赶到了，收复了他里雾。

西村大尉得知此消息后，大发雷霆，怒气冲天。为了重新夺回他里雾，他想趁着黑旗军立足不稳，攻其不备，出其不意。但是当他派侦察兵侦察的时候发现，黑旗军整装待发，早已做好了战斗准备。由于黑旗军准备充分，日军只好放弃了突袭计划。

为了夺回他里雾，日军根据以往的经验，决定对驻守他里雾的中国守军实施火攻。这天晚上，日军乘天降大雨的机会，从刺桐港秘密向他里雾进军。日军的一个小队从北门攻入，其

台湾山路

他日军立即进入他里雾大肆放火。看到此地的民居多用砖瓦建成，不容易点燃，诡计多端的日军找到一顶轿子，浇上汽油，以此作为燃料，焚烧房屋。恰逢北风刮起，大火借助风势，迅速使整个他里雾成为一片火海。黄荣邦因为担心日军深夜偷袭，率领部下埋伏在北部村庄，才避免了一场灾难。

至9月5日深夜，在大蒲林的日军已被黑旗军和义军团团围困三天之久了，日军指挥官们没有一天不听到枪声，加之与后方断绝了联系，他们决定带领部队撤退，与其他部队会合。

第二天凌晨，在日军已经做好准备将要撤退之时，黑旗军和义军再次对大蒲林发动进攻，战斗进行得十分激烈，面对日军的疯狂进攻，将士们毫无惧色，奋战两个小时，弹尽粮绝，日军为此也付出很大的代价，消耗弹药达一万六千发，由此可见战斗的激烈。

战斗打到最后，日军不得不向北逃窜。杨泗洪率领义军紧紧追赶。战斗中，杨泗洪大呼杀贼，就像离弦的箭一样冲进敌人的阵地，将士们紧随其后，双方短兵相接，展开了白刃战，喊杀声惊天动地，日军闻风丧胆。杨泗洪追赶敌人数十里，在落虹桥不幸中弹，当天晚上因为伤势过重牺牲。

杨泗洪虽然牺牲了，但他的威名让日本侵略者闻风丧胆，有着很大的威慑力。台南民众听到杨泗洪战死的消息，很多人为之叹息，都烧纸祭奠。刘永福听到这个消息后，竟然想开枪自杀，幸好被手下阻止。刘永福下令厚葬杨泗洪，照顾好他的妻儿老小。

杨泗洪牺牲以后，简精华、简成功父子的民团成为反攻彰化的主要部队。在反攻彰化的战斗中，简氏父子率领的部队虽然武器装备落后于日军，但是作战勇猛，弹无虚发，神出鬼没，绕道到日军后面，日军非常害怕。

日军仰仗着先进的武器拼死抵抗，义军的几次进攻都没有成功，于是决定利用有利地势，对日军进行包围。当地的居民也是痛恨日军到底，纷纷行动起来，协助义军抗击日军，日军防不胜防。

在重重围困之中的日军士气低落，粮饷军备供应难以解决。日军士兵因为水土不服，造成了大面积的传染病。

但与此同时台湾义军的情况也不容乐观。清政府将台湾割让给日本后，许多官员内渡，黑旗军和义军成为抗击日军的主力。由于长期作战，黑旗军和义军粮饷匮乏，武器装备落后，他们几乎得不到任何支持，只能孤军奋战。战火纷飞的台湾，民不聊生，筹集粮饷非常困难。形势的发展对义军越来越不利。

在这样的局势下，黑旗军和义军决定冒险进攻彰化。义军和黑旗军只有落后的抬枪，没有攻城用的重炮，难以对城墙造成实际伤害。在战斗中，义军首领黄荣邦不幸中弹牺牲，首领林小猫身负重伤。联军再也无力反攻彰化。随着彰化失守，台中沦陷，艰难的台中保卫战结束。

日军占领台中后，继续向台南进军，台湾人民的反割台斗争进入了最后阶段。日军采取海陆并进的战略，夹击台南。为了顺利拿下台南，日军头目桦山资纪进行了精心的策划。9月16日，日军在台北东瀛书院成立了所谓的"南进司令部"，在日本人的眼里，攻陷台湾只是时间早晚的问题。

此时，台湾绝大部分领土都被日军占领。但兵力还有七星旗军、福字军、庆字军、忠字军等六十多个营，总人数在两万六千人，再加上义军的兵力，如果得到足够的支持是可以坚持下去的。面对粮饷武器缺乏的现状，刘永福多次致电南洋大臣张之洞请求支援，张之洞推辞不应。清政府回应刘永福："所有粮饷自己解决，朝廷无法解决。"后来，两广总督谭仲麟又下令禁止船只运送物资去台湾。河南候补道易顺鼎曾到过台南，见到义军作战条件如此艰苦，他立即回到大陆向张之洞和湖广总督谭继洵求援，但没有成功。易顺鼎自己去南京向民众募捐，得到白银一万两送达台湾。卸任的知县四川人吴质卿渡台，慷慨解囊，资助军费。可惜这些资助也只能解燃眉之急，台湾的局面堪称艰苦卓绝。

日军近卫师团，分兵向台南府的嘉义进兵。王德标率兵在西螺溪、中浮洲准备迎击日军的先头部队。日军小岛中尉率领第八中队在侦察时，与义军发生了遭遇战，义军为了保存实力和隐蔽，战斗不久便撤出战斗。在炮火的掩护下，日军迅速渡河。就在日军渡河之际，义军冒着炮火从左右两侧杀出，马上就要歼灭这股日军，不料想日军的主力已经到达河的右岸，开始反击义军。双方在装备、人数上有着较大的差别，义军被迫撤退到尧平一带。随后日军占领树仔脚，紧接着又进攻刺桐港。由于刺桐港没有军队守卫，日军很快就攻占了。日军进军他里雾，义军被迫撤到大蒲林。

日军为了占领大蒲林，不惜放火烧山。义军虽然顽强抵抗，但大蒲林也被日军攻占。大蒲林失守后，嘉义城成了敌人进攻的主要目标。在嘉义战役中，中日双方进行了惨烈的炮战。中国的炮兵作战勇敢，宁死不退，真正体现了中国军人英勇战斗的精神。日军利用工兵埋设炸药包，炸开城墙和城门进城。黑旗军和义军将士在城里和敌人打起了巷战。经过十几日的激战，嘉义失守。王德标与徐骧撤到曾文溪，而义军中的大量优秀将领如柏正才、刘步升、杨文豹等都牺牲了。嘉义保卫战，就像是一幅可歌可颂的画卷，永远印在国人的心里。

位于台南北部的曾文溪是台南的最后一道防线。10月13日，日军调集精锐部队28000人组成第二混成旅团，对扼守曾文溪的数千义军、黑旗军发起总攻，一时间战场上弹如雨下，硝烟弥漫，10月19日，日军第四旅团以猛烈的炮火分两路进攻。抗日军民在敌强我弱的局面下，喋血抵抗，战斗非常激烈。徐骧等率军寸土必争，拼死抵抗，只杀得天昏地暗，日月无光，曾文溪两岸，尸横遍野，徐骧不幸中炮阵亡，义军和黑旗军失败。

当义军在曾文溪与日军第二混成旅团浴血奋战的时候，

另外的两路日军已经到台南府城下了，台南府完全暴露在日军的炮火之下。刘永福看到这无力回天的局面，深感绝望。在两广总督谭仲麟等人的催促下，刘永福恋恋不舍地内渡，在临走之前，他还做了种种抵抗的安排。比如让战士们备足粮食；各处拉旗虚张声势，迷惑敌人；在隘口桥梁埋设地雷，袭击敌人等等。

10月21日，日军前卫部队第16联队进入台南城。10月27日，桦山资纪发布声明："台湾全岛已经平定。"尽管日本侵略者用武力征服台湾，但是台湾人民从来都没有屈服过。在近半年的浴血奋战中，台湾军民在内无粮饷、外无支援的情况下，用鲜血和生命谱写了一部悲壮的爱国主义史诗。轰轰烈烈的武装反割台斗争虽然失败了，但它却给侵略者以沉重的打击。在台湾被击毙和病死的日本官兵，包括北白川能久亲王和山根少将在内，共4800余人，重伤者500余人，另有21000余人回国治病，5200余人留台治疗，总计损失32000余人，占侵台日军总人数的一半以上。为保卫祖国的神圣领土，台湾同胞不畏强暴，不怕牺牲，他们气壮山河的英雄事迹，可歌可泣，永远铭记在炎黄子孙的心中。

三、哪里有压迫，哪里就有反抗

　　日军入侵台湾后，随即成立了"台湾总督府"。总督由日本陆海军将军担任。总督府是日本统治台湾的工具，从第一任总督桦山资纪到抗日战争胜利，总督府代表日本政府统治了台湾五十年。总督的权力最大，主要权力有：一、经过批准，或者紧急情况下，总督的命令可以代替法律。二、统率驻台的陆海军，总揽一切军政大权。三、除担任一切行政事务外，并得处理有关关税、铁路、通信、专卖、监狱以及财政等特殊行政事务。由此可以看出，总督的权力有多大。桦山资纪到任后，接连发布了《匪徒惩罚令》《台湾刑事令》《法院条例改正令》《保甲条例》《治安警察法》等一系列的条文律令，大规模镇压台湾军民的反日爱国运动。《匪徒惩罚令》第一条规定："凡借暴行或胁迫以达其目的而聚众"的人都以匪徒罪论处，"教唆群众的首领要处以极刑，参与谋划的要判处死刑，附和、随从或为其服务者处有期徒刑或者发配劳役。"《法院

1895年台湾新竹街道

条例改正令》规定，所有因"反抗施政，实行暴动"以及触犯《匪徒惩罚令》而被判有罪的案件，都"以一审为终审，立即就地枪决，没有上诉的机会"，单单这一条法律，就不知杀害了多少抗日志士。

在日本统治下的台湾，完全是一个由警察统治的社会。社会等级划分非常明显，人民没有自由可言。日本在台湾建立了一套严密的警察制度，充当压榨人民的工具。在地方行政制度还没有健全的时候，警察已经作为主要力量成为了日本政府殖民统治的帮凶。地方行政建立后，警察制度更加完善。总督府内设置警察课，县里设警察部，厅里设警察署，还从日本本土征调大量警察官员。当时的台湾到处警察密布，素有"警察王国"之称。根据统计，台湾全岛共有警察机构"一千五百多处，警察人员一万八千余人，平均每一百六十个居民就有一名警察。"

警察的职责就是监督民众的言行，镇压民众的反抗，维护日本在台湾的统治。当时在台湾，警察权力很大，管辖的范围也是多方面的。比如外事、户籍、安保、兵役、征税、防空、防疫、防火、卫生，强制征地等，无所不管，甚至连人民的丧葬婚姻、风俗娱乐等都要受到无理的管制。

警察任意抓捕平民，动不动就威胁收监，甚至用各种酷刑压迫民众。这些警察横征暴敛、鱼肉百姓。有的警察集军、政、法、教等大权于一身，被当地的人民骂成"草地皇帝"。

日本不仅利用警察残杀百姓，而且还实行保甲制度。保甲制度是一种社会统治手段，它是以"户"（家庭）为社会组织的基本单位。汉代的五家为"伍"，十家为"什"，百家为"里"；唐的四家为"邻"，五邻为"保"，百户为"里"；北宋王安石变法时提出了十户为一保，五保为一大保，十大保为一都保；元朝又出现了"甲"，以二十户为一甲，设甲生。至清朝，终于形成了"牌甲制"，以十户为一牌，十牌为一甲，十甲为一保，由此建立起了对全国的严密控制。不久，日本当局陆续颁布了《保甲条例施行规则》《保甲条例施行细则》和《保甲规约标准》等律令。这些律令规定：保甲为警察下级的辅助机关；严格执行十户为一甲，设一甲长；十甲卫一保，设一个保正；这些官员都是从本地选取的，没有俸禄，就是辅助警察管理人民和压榨人民。保正、甲长成了日本人的"狗腿子"，并且挑选17岁以上40岁以下的男子组成壮丁团，负责防卫工作。

　　保甲制度的实施只针对台湾民众，对其他的外国人和日本人却不这样，还让台湾人民自出经费，互相监督，来实现日本帝国主义所谓的"以台制台"的目的。保甲制度为日本侵略者镇压人民，屠杀革命者提供了便利的条件。

　　总督独裁和警察统治以及保甲制度的实施，将台湾民众的权利全部剥夺，人民处于水深火热之中。

　　原来曾有大量大陆的人民移居台湾，他们开荒种田，开垦了许多新的土地没有登记，山地森林也没有丈量过。日本入侵台湾后，先后在1898年公布了《台湾地籍令》和《土地调查规则》，在1905年公布了《土地登记规则》，在1910年公布了《官有林野取缔规则》，把大量农民辛辛苦苦耕种的土地说成不完全的耕地，世世代代都以樵采打猎为生的林地和土著居民的公有猎场、林场都收归"国有"。"总督府"用低价收购土地，强取豪夺，全台土地总面积三百七十万零七千甲，被日本殖民者掠夺走的竟然高达二百四十六万两千甲。台湾人民失去土地，只能给日本人耕作。没有失去土地的人民，则需要向日本殖民者缴纳高额税务，一年达到三百万元，占总税收的百分之三十五。

日本殖民者垄断食盐、烟、酒、茶、火柴、煤油等人民的生活必需品，不允许民间私自贩卖。日本法律规定，日本居民不能吸食鸦片。但在台湾，日本却贩卖鸦片毒害中国人，牟取暴利。台湾是世界上樟脑的主产区，产量占世界的70%，是当时台湾的重要的财政来源，樟脑也由日本人控制，实行专卖。日本的商会在专卖的旗号下，肆意抬高价格，用劣质的物品充当优良品出售，牟取暴利。因此，专卖的收入始终占据台湾当时财政收入首位，而且还是逐年增加。这些暴利，全都是广大的台湾劳苦大众的血汗。

除此之外，日本殖民者巧立名目，横征暴敛，对台湾人民征收多达八十种以上的苛捐杂税。1937年官方估计台湾的国民生产总值为八亿九千万元，而台湾财政年收入竟然达到两亿零三千万元，换句话说，国民生产总值的四分之一都被日本政府所掠夺。

日本把从台湾同胞身上搜刮来的钱，一部分用于支付官员的俸禄和特殊补贴，还有一大部分用于其他方面。在前期，大部分都是用于勘测地下资源，修铁路、公路、港湾，兴建电力和水利工程，以及对垄断企业给予所谓的"劝业费"、"补助费"等等，其实就是为了让这些垄断企业更加高效地去掠夺台湾的资源。在后期，日本把搜刮的钱财用于建设军事设施，满足日本的军国主义要求。他们大建飞机场、气象台、广播电台，发展空军；还有一部分用于战时保险、临时军费，甚至来修筑神社，这些无不跟侵略战争有关。所有这些投资与建设，最大的受益者还是日本官员和大资本家。

日本殖民者充分利用其政治力量，大力扶植日本垄断资本，打击和抑制台湾当地的民间资本。1899年，日本在台湾设立台湾银行，凭借其发行纸币的特权和代理"国库"的有利地位，操纵全岛的金融，吸收大量存款和游资，将很低的利息用贷款给日本财阀。铁路、航运、电力、水利、邮电等等有利可图的项目都尽量给日本财阀提供方便，但是对台湾民族资本却是百般刁难。殖民政府对日本资本家有特殊的照顾，将没收的土地和强征的土地低价甚至无偿地让给日本资本家。日本的大资本家和大财阀通过政府，占据着台湾政治社会的最高层，凭借他们的政治权力和垄断资本优势，对广大的台胞实行无情的压榨和剥削。

为了遏制台湾当地的工商业，日本殖民者使用行政手段，禁止台湾同胞单独发起或组织任何股份有限公司，已经建立的，则由台湾银行等金融机构股权加以控制。到1937年，台湾的各大银行、企业没有一个不是为日本金融资本所控制的。

日本对台湾农产品的生产、运输、交易、出口都进行了严格的控制，台湾民众必须把大量的产品输入日本，但是所得的金额却是少之又少。这种贸易与其说是输入，还不如说是直接送给了日本。

在日本垄断资本家的残酷掠夺和剥削下，广大台湾同胞越来越贫困。根据1936年的统计，台湾农民每人平均耕种土地的面积比日本农民多两倍，但收入却要低27%。蔗糖的产量虽然有所增加，价格也不断上涨，但是种植甘蔗的农民的收入却在逐年降低。大量的金钱流入到制糖业资本家的腰包，蔗农和资本家的收入就是天壤之别。一个研究台湾的外国学者写道："台湾情形濒于绝望。所有大企业、银行、交通运输以及对外贸易，无一不受日本人的操控，加以政治受其控制，居民无权过问。在这种独占制度下，台湾居民本身几无发展可能。"又说："殖民侵略国不限于台湾，但侵略程度却从没有像台湾这样的系统而彻底！"

为了巩固自己的统治，日本统治台湾的时候实行一种差

日军头目桦山资纪

别教育的制度和奴化的政策。日本殖民者把初等学校分为小学校、公学校和教育所三种：小学校的师资力量最强，基础设施最完善，专收日本学生；公学校师资力量差设备陈旧，允许台湾汉族孩子入学；教育所根本就谈不上什么师资力量和设备建设，竟然是用警察当老师，招收少数民族的孩子，由此可想而知，教育的质量会有多差。1938年，全台有小学校143所，学生44,758人；公学校661所，学生512,777人。小学校学生的经费每人平均五十元，公学校仅仅二十五元，勉强才能达到一半。学生的就学率也是相差甚远，日生达到了99%，而台湾生源只有46%，还不到日生的一半。日本学生上学可以免费坐公车，而台湾学生就不能。小学校里老师的工资较高，一个人最多负责三十个学生；公学校的老师工资很低，一个人要负责四十个学生。小学校占着优秀的师资、优秀的设施，因此升学率比公学校多得多。二者差异非常明显。

1941年太平洋战争爆发后，日本为了加强奴化政策，从名义上把小学校和公学校合并，统称"国民学校"。但是，课程内容却是大不相同。第一等的课程表日本学生用，第二等课程表台湾学生用，第三等课程表少数民族学生用，等级划分十分明显，教学任务也是大相径庭。并且要求全部日语教学，不允许用汉语；用历史、修身等课程进行奴化教育，灌输日本军国主义。学校的校长由官吏来担任，老师一大部分都是日本人，有着等级差别。老师见了校长要鞠躬致敬，以表示尊重。有一次一个日本教育家来到台湾考察学校，就问起校长有没有台湾学生和日本学生打架的情况，那个日本人校长回答道："打架和争吵只是发生在地位相等的人之间，我们一直把台湾学生当作'下等人'，绝不会发生这样的事情。"

台湾的中高等教育，主要是给住在台湾的日本人提供升学的机会，而不是为台湾培养人才。日本殖民者为了不让台湾人抢占优秀的教育资源，对台湾学生进行了无理的限制。台北中学、台南中学和台北第一师范学校这样优秀的学校都只招收日本学生，不招收台湾学生。台湾同胞多次请求，自己承担建设校舍的费用和创办的经费，日本政府才允许设立公立台中中学。但是台中中学也只相当于高等小学，毕业生不能参加报考专科学校。台湾学生能上学，但是毕业之后在就业上依然受歧视。许多工作岗位都留给了日本学生，日本学生毕业就能找到工作。而相反的是，台湾学生从中高等学校毕业，无法进入机关、企业、学校，"毕业即失业"。

台湾总督府为了愚弄民众，不允许台湾人私自出版报纸和印刷书籍，台湾仅有一份《台湾新民报》。1937年以后，各报汉文版都被禁止发行。不久，日本为了扩大战略储备和侵略，把这种差别的教育政策完全转化为同化政策。他们强迫台湾人民讲日语，改用日本姓名，以日本天皇取代人民原来的信仰。日本殖民者想用此来消磨人民的斗志和反抗精神，但结果却是恰恰相反，台湾同胞在台湾沦陷后，仍然继续斗争。哪里有压迫，哪里就有反抗。台湾人民不甘心做亡国奴，没有被日本帝国主义的嚣张气焰所压倒，广大民众揭竿而起，前赴后继，英勇抗击，抗日武装斗争的烽火点燃了整个台湾。

台北地区是日本侵略者最早占领的地区之一，台北人民的斗争一直就没有停止过。日军南下进攻台中、台南的时候，人民在吴德福的指挥下，乘虚而入想要一举收复台北。

吴德福是台北人。1895年日军进犯台北时，吴德福就参加了义军，并且担任义军的哨长，和日军在基隆作战，后来不幸在战场上被俘，他机智逃脱后，抗日的斗志丝毫没有减退。吴德福逃到三角涌，他与周扁、王禄、王保等抗日义士共谋抗日大业。他为了收复台北，秘密招募士兵，想尽一切办法和时任台湾军务总办的刘永福取得联系。他们经过了仔细的侦察，得知日军要南下的消息，准备趁台北兵力空虚，利用有利的时机收复台北。临出发前，吴德福发出布告，称如果能生擒日军指挥者赏赐白银。

但是狡猾的日军得知了起义军的计划，布置了陷阱。日本人派间谍伪装成起义军的人邀请吴德福等九人去家中密谋事情。当他们一进去，就被荷枪实弹的几十名日本宪兵包围。吴德福面不改色心不跳，挺身而出，用愤怒的眼睛瞪着日本兵。9月9日，吴德福等九位起义军领袖被日军杀害在台北城郊。起义失败。

吴德福等人牺牲后，台北的抗日武装吸取了教训，在组织上

日本统治台湾时期的台湾学校

采取措施防止日本间谍打入内部。日本虽然加大侦察力度，但还是很难获得抗日部队的真实情报。

1895年11月20日，林李成、林大北领导下的东北部人民抗日武装打响了起义的第一枪，附近各地的人民纷纷响应，在短短的两三天内，席卷了从金包里到苏澳这一段一百多里的城镇和村庄，起义军在31日攻占了瑞芳，进而围攻宜兰。观音山上火号一起，抗日义军立即将宜兰城围得水泄不通。驻扎在外围的日军见状，纷纷逃到城内，日军采取死守的战术，不和抗日义军正面交锋。日军做了长久的打算，他们抓壮丁、强征粮食。抗日军围攻时间长达八天，不仅武器弹药不足，粮食也慢慢耗尽，最后只好撤退。

以简大狮为首的淡水各部抗日义军有两三千人马，他们以关头为根据地，简大狮为了民族和国家的利益，舍小家顾大家，为了抗日变卖了所有家产，召集乡勇。他们拉起队伍，揭竿而起，多次率领乡勇袭击日军并取得多次胜利。简大狮率领部队抓住时机攻淡水。但是日本已经有所防备，义军陷于苦战，两军均有较大的伤亡。和日寇激战两天，日军采取封锁的毒计，义军弹药不足，无法补充，不得不放弃进攻，只能撤退。日本殖民者迫于简大狮在抗日义军中的威望，逼迫清政府的官员将其诱捕。被捕后，面对清政府的昏官，他笑道："倭寇淫虐，妻子姐妹都被杀害侮辱；我和他们苦战没有成功，才到这里。我反对的是日本，我不反对大清朝。我仅仅被大清的官员所杀，我没有遗憾；若是把我送到倭寇那里，我死了都不瞑目。"1900年3月9日，简大狮英勇就义。消息传出来，一时震惊海内外，时人作诗怀念他。

痛绝英雄洒血时，海潮山涌泣蛟螭。

他年国史传忠义，莫忘台湾简大狮。

简大狮就义之后，他的弟弟简大度继续继承他的哥哥遗志，继续抗日，但不久也遭杀害。

在北部武装斗争陷入低潮的时候，以铁国山为中心的中南部人民抗日斗争已经进行得如火如荼，就像一团烈火在凶猛燃烧。

铁国山原名太平顶，在旧云林县治斗六街东南二十余里，山深林密，地势险要，这里成了溃散的士兵军官和一些难民们避难的好场所。在这里，大家推举了英勇并且有智慧的柯铁为领袖。

柯铁本来是一个造纸的工人，他从小身手敏捷，在山林里穿梭，比猴子还机灵。他经常打猎，精于射击。他的家族世代在铁国山耕种，开垦荒地，这也养成了他吃苦耐劳、不怕艰险的性格。他喜欢打抱不平，性格刚烈，邻近有纠纷的时候，他总是挺身而出。日军占领台湾后，他带领新婚的妻子藏在铁国山生活。一天，日军来到这里，众人纷纷想要逃跑。柯铁对众人说："日本人是可以战胜的；你们走了，可不可以把枪支弹药留给我。"有些人把枪给了他。有十三响枪一把、七响枪三把。柯铁悄悄潜入日军最多的地方，连发数枪向敌人射击。日军胆怯，以为中了埋伏，吓得落荒而逃。柯铁凭借着自己路熟，年少敏捷。行走在山林之中来去自如，如履平地，一边奔走一边射击，竟然一个人吓走敌人五百多人。日军连粮食装备都丢在路上。从此之后，柯铁威名远播，一战成名，百姓们都叫他"铁虎"。

简义，字精华，云林县梅仔坑人，原来曾经是刘永福的手下，在地方上颇有威信。简义曾经和陈文晃、廖景琛、黄丑等爱国人士，分别招募抗日义军数百名，与日军决战于斗六门外。由于敌众我寡，战斗失败之后各自分散。简义没有放弃自己的信念，他继续抗日，表示愿意和柯铁合作。在斗六门抗战失败后，相继投奔柯铁的还有张吕赤、张大猷、黄才、赖福来等人。柯铁的队伍越来越壮大，里面人才济济，能文能武，都立志报国杀敌。大家推举简义为义军首领。这时的起义队伍里，已经一千多人，实力逐渐雄厚起来。

1896年6月13日，柯铁率领抗日军突袭斗六街日本人开的商店。6月14日，一小股日军偷袭铁国山，遭到了抗日义军的伏击，损失十几个人后，日军撤退。为了报复，日军派一个联队上山围剿，抗日军埋伏在深山老林之中，日军一无所获，兽性大发，在山上实行惨绝人寰的大屠杀，一连杀了五天，范围涉及七十多个村庄，不管男女老少。死者不下万人，烧毁炸毁的房屋达到四千二百间。村村死人，户户戴孝。"白骨露於野，千里无鸡鸣"正是这个情况的真实写照，悲惨的哭声笼罩在铁国山上。抗日军民忍无可忍，在铁国山上，抗日军召开大会，他们以"奉天征倭镇守台湾铁国山总统各路义勇军柯"的名义发布抗日的檄文，声讨日寇罪行，并采用"天运"的年号，杀三牲祭天，呼吁各路义军积极响应。清政府台东守将刘德杓，自从台东抗日失利后，不远千里，翻过崇山峻岭，不辞劳苦，加入到铁国山抗日军的阵营里。他智勇双全，擅长出谋划策，被众人推举为军师。台中地区的抗战发展到了一个新的局面。

6月15日，柯铁率领铁国山的抗日义军大约700多人，围攻南投街，切断了日军的电报线电话线，台中日军与台南日军无法再联系。南投的日军派出两名士兵，企图偷偷冲出抗日军包围圈。当他们到达草鞋墩时，被另一支抗日军捕杀。南投的日军又派步兵、宪兵各一名，趁着黑夜翻山迂回过去，经过彰化抵达台中求救。当时台中日军的防务也正在吃紧，只派出步兵两个小队和两门山炮，经原路返回，直到7月3日才到达南投街。日军将带来的大炮架在高山上，居高临下进攻抗日军的阵地。炮火连天，抗日军没有任何防御工事，挡不住日军山炮的进攻，只好在7月3日撤出阵地。被围困的日军看到援兵到来后，从里往外进攻，抗日军只好返回铁国山。

台湾民俗版画

6月30日，柯铁率领部分抗日军还在包围南投的时候，简义自己率领抗日军600余人，以迅雷不及掩耳之势突然冲下山去，猛攻云林县城。云林守将是日本佐藤少佐，看见简义的部队发动突然攻击惊慌失措，急速召集士兵，准备分兵把守。当地人民听到要进攻云林，纷纷积极响应。到7月1日，抗日军已经增到了2000多名，云林县被围得水泄不通，起义军步步紧逼，先锋已经到了街市，佐藤看见局势不妙，自己已经知道大势已去，下令撤退。云林被抗日军收复，这是台湾对日抗争史上的一次重大胜利。云林收复战，体现了军民个个同仇敌忾，为保卫自己的家园和日军斗争到底的决心。

　　简义光复云林的消息传开后，正在各地斗争的抗日军队兴奋不已。破其一点，全线动摇。在胜利的喜悦鼓舞下，在彰化、北斗、员林、嘉义、埔里社等地涌现出大批抗日起义军。他们杀死日本兵、警察，焚烧衙门。7月8日，简义部下的刘狮、杨胜率领抗日军300余名，趁着雷雨交加，急行军攻入鹿港，放火烧了鹿港日军的防御措施。这时鹿港守备队正前往彰化救援的吉弘少佐，听到鹿港失陷的消息后，急速回兵支援鹿港，准备开始反攻。抗日军听到这个消息后，已经知道日军的大部队会集中在云林，当机立断退回铁国山。

　　面对台湾民众的激烈反抗，尤其是抗日军神出鬼没的不断打击，日军惊恐万分，夜不能寐，他们想，如果不尽早"剿灭"台湾人民的反抗烈火，他们将永远不得安生。从六月中旬，日本不断实施打击报复，惨烈的屠杀，更激起了人民对日军的痛恨。

日军鉴于大屠杀引起了台湾民众的强烈反对，在夺回云林后，改用怀柔的手段，准备用高官厚禄诱惑抗日军首领。"内务部长"古庄到云林招抚、"救济"穷人，调查户口。在当地的广福庙设立了临时保良救恤所，协助日军的招抚工作。铁国山抗日军首领之一的简义，经不住敌人的拉拢，独自一人下山投降日本。

简义叛变的消息不久就传到了铁国山抗日军的耳朵里，这并没有影响到抗日军的士气。刘德构、黄才、张吕赤、赖福来等将领，共同推举柯铁为铁国山义军首领。柯铁勇猛有谋，有着很高的威望，发誓与弟兄们同生共死，坚决不投降日寇。他下达命令，命各部做好战备，当时军饷粮食都来自于老百姓家里，他和百姓做了约定：从百姓收获的产品里，抽取十分之一充当战备物资；抗日军负责担任保卫百姓安宁，维护地方治安的任务。

柯铁以大总统的名义，向斗六街和各地方颁布了檄文。檄文的大意是说：原来的台湾是那么富饶美丽，仁政治台，礼义教化，民富国强，崇尚文化。但是日本进犯台湾后，不分善恶，颠倒黑白，烧杀抢掠，无恶不作，奸淫妇女，烧毁房屋。我已经难以忍受，想召集各路英雄壮士，聚集铁国山共同抗日。希望百姓能支持抗战，捐资捐物。同时还严明军纪，严明赏罚。

　　抗日军除了柯铁这样的能征善战之将，还有黄才、张吕赤、赖福来等身经百战的勇士。此时的抗日军人数已经达到数千人。铁国山的抗日军已经成为日军的劲敌和心腹大患。桦山资纪要求必须除掉铁国山抗日军，日军太田大队长下了最大决心，命令士兵不惜一切代价务必攻下铁国山。1896年12月12日，太田亲自上阵，率领军队、宪兵和当地警察数千人，浩浩荡荡向铁国山进发。抗日军在打猫东顶堡后头仔山，包围了日军的侦察部队，经过激烈战斗将其歼灭过半。25日，为配合太田的进攻，台中的援军赶到。日军看着自己实力变强，援军大批涌入，准备开始对铁国山的总攻。而二坪仔庄是日军进军铁国山的必经之地，在此，抗日军设立了两道防线。日军凭借自己的炮火猛烈和人数的优越，疯狂进攻。第一和第二道防线被日军攻破。抗日军开始坚守最后的防线，顶住日军猛烈的进攻。随着日军援兵的陆续到达，集中炮火疯狂地炮击铁国山。柯铁和抗日军的其他领导人，看到日军来势凶猛，知道自己不能硬碰硬。为了避免更大的伤亡，于是决定化整为零，分散退入更深的山林里，来等待东山再起的机会。26日，铁国山被日军占领。

　　铁国山的抗日军被日军击溃，抗日阵营逐渐瓦解，柯铁和抗日军虽然一时逃避到深山里，但抗日军的将士没有放下武器，而是时时向日本宪兵屯所、伪警察的派出所发动袭击。此时的抗日军从阵地战转到了游击战，游动在山川草木之间，和敌人进行武装斗争。1897年一年时间里台湾中部地区发生的抗日游击战就不计其数，他们神出鬼没，日军被他们搞得晕头转向，头疼不已。

日本新派到台湾的儿玉源太郎和后藤新平不惜采用诱降、欺骗、恐吓的手段对付起义军。他们认为以前用武力对付抗日军是一个失误，不断派出汉奸秘密探查柯铁部队的动向，不惜一切代价和高官厚禄来诱惑柯铁投降。柯铁提出了以下合约条件：

1.在云林斗六街设立"治民局"，由台湾人主持，再用一日本人监理。一切的刑事诉讼在此审理治罪。

2.把铁国山归返柯铁，不许日军驻防云林地方，也不许日人设置守备队。

3.同意柯铁、张吕赤、赖福来、黄才等保有军队，借以保护人民。如日本官吏有事要交涉，只用文书，不得面决。

4.同意柯铁等在辖区内抽收九一税以充军费。

5.柯铁等统领军队志在保国，日军不得与其相争。

6.柯铁等议和之后，拟调兵在山地保民，誓不为非。恐有挟前怨而捏词向日本当局控诉者，务必把诉状缴予治民局，由主持官查实。不得派遣军兵围捕，再生不测之事。

7.同意云林居民使用军械借以自防盗贼。

8.云林界内如有愚顽之人，由柯铁联庄格除。

9.谈判成立后，如有再控诉前非者，均归治民局主持处理，不得由日方拷问毒打。

10.谈判之后，如在云林界内能久持安宁，三年之满再议条规。

以上和约的内容就是柯铁以战胜者的身份对战败者提出的条件。日本人虽然不愿意接受，但是为了麻痹柯铁，假意答应。从1898年年底到1899年夏，双方没有出现过较大的冲突。但是，日本在此期间已经开始监视柯铁抗日军的一举一动，加紧谋划加害柯铁的阴谋。日军借口柯铁带兵造反，派兵包围前去镇压。

鉴于当时的形势，柯铁迅速联系旧部，重新开始抗日行动。但是由于防备不严，兵力分散，情况十分紧急。此时的柯铁已经身患重病，无力回天，于1900年2月9日去世。日军闻听柯铁死讯，喜出望外，马上派兵去找柯铁的葬身之地，但是始终没有找到。日军也对铁国山的将领也进行了抓捕，但是都没有找到。后来，柯铁的部下十几个人，在柯铁弟弟柯合家凭吊柯铁的时候，突然日军闯入，柯铁的父亲柯钱不幸遇难。其他人都退到龙眼山。

柯铁死后，抗日军已经没有主心骨，只好各自为战。常常出没于北斗街、溪湖附近，袭击日本的宪兵所、警察局等。虽然有小胜，但是也无法对日军造成致命的打击。许多抗日军将领只好退入深山，等待时机出击。

1902年，日本采取"糖饴与鞭子"的政策，在实施高压政策的同时，用各种优厚的条件诱骗抗日军领袖投降。如果有人投降，日本又背信弃义，大肆屠杀抗日义士，手段极其残忍。日军收买当地的绅士，让他们去劝说抗日义士投降。在所谓的"归顺仪式"上，日本人事先将机枪队隐蔽好，在开完会后，机枪部队立刻赶到会场，开枪扫射，数百名抗日义士不幸遇难，无一幸免。至此，中部台湾抗日军的抗日斗争，逐渐沉寂下去。

　　台北、台中的抗日斗争风起云涌的时候，台南的抗日斗争也蓬勃发展起来。台南的抗日斗争，是以林少猫为首的抗日军为主导。林少猫，原名苗生，号义成，诨号为少猫、小猫。阿猴人，家里曾经是当地的富豪。

　　林少猫的家乡阿猴地区的人民世代以种植水稻为主，加工成大米，还有打鱼为生的，这些都和林少猫家族的产业有关系。在反割台斗争爆发前，居住在阿猴东门外的林少猫经营着一家名为"金长美"的碾米厂，收购乡亲们的大米，进行加工，自己身为厂长。由于此地的渔业发达，林少猫还主导着当地的鱼类和豚肉类的市场，家底厚实。林少猫作为当地的大户人家，有实力进行抗日斗争。

　　天下兴亡，匹夫有责。捐躯赴国难，视死忽如归。当台湾受到侵略的时候，林少猫在家乡立即召集乡勇，并加入了刘永福的黑旗军，他被任命为福字军中军左营管带，带领乡勇们辗

"九一八事变" 时的日本军队

转在台湾的中南部地区和日寇进行斗争。刘永福内渡后，黑旗军的抗日斗争告一段落。林少猫因为胆识惊人，智勇双全，军事才能出众，被众人推举为台南抗日的领导人。当时林少猫与简大狮、柯铁并称为抗日"三猛"。

1895年底，台湾抗日斗争进入艰苦卓绝的时期。此时，许多抗日志士意识消沉，相反林少猫的抗日意志并未减退，而是越挫越勇，敢于主动出击，为了不让日军发现自己的行踪，林少猫暂时掩藏起来，潜回到阿猴老家，重操旧业。他继续干起了碾米厂的生意，一来是为了躲避日军的追捕，二来是为了给抗日军增加力量。他表面经营着米厂生意，而且还与屯驻阿猴的日本宪兵有所往来。后来，林少猫渐渐取得宪兵的信任，在阿猴地区的日本宪兵和警察眼里，林少猫就是一个日本人的"忠实奴才"。但令日军想不到的是，林少猫实际上在暗中秘密联络分散的抗日力量，想把这些抗日力量拧成一股绳，一致对外。他一方面与郑吉生等公开举事的义军首领保持密切联系；另一方面直接部署手下的抗日骨干不断四处宣传抗日大业，让台湾的老百姓知道抗日军的处境和日本人的凶残。林少猫派出自己的心腹到各地去给义军筹集枪械弹药及粮饷，另外一部分人则开展游击活动，袭扰日军的哨所据点。在很长的一段时间里，日本驻军寝食难安、夜不能寐，非常狂躁。令日军惶惶不安的林少猫已经成了日军的重点打击对象，日军千方百计寻找他但却一无所获，只好承认此人"长于计略，有神出鬼没之妙术与指挥数千抗日军之雄才大略"。

1896年4月1日，日本发布了《关于在台湾实施法令之法》。该法为日本统治台湾的基本法，因以"第六十三号法律"颁行，故又称"六三法"。依据这一法律，日本所派"台湾总督"集行政、立法、司法、军事大权于一身，成了名副其实的"台湾皇帝"。总督对台湾人民握有生杀予夺的权力，这无疑又给本来就在水深火热中的台湾人民一个沉重的打击。6月1日，桦山资纪下台，日本第二任"台湾总督"桂太郎就任。这位侵华先锋，日军的陆军中将，在甲午战争时就进攻过中国，刚来台湾便制造了云林大屠杀，这激起了台湾人民的愤恨，林少猫也是对其恨之入骨。

1896年9月21日，义军首领郑吉生率领抗日军数百人大举袭击阿猴街宪兵屯所，用汽油将驻所彻底焚毁，日军宪兵的老巢被毁，战斗异常激烈。而这一行动的全盘计划皆出于林少猫之手，林少猫运筹帷幄，再加上他和日本宪兵多有接触，对他们的习惯也是非常了解，正是因为如此才获得此次偷袭的成功。不但如此，抗日军就以林少猫的家宅作为主要基地。林少猫用自己家产为抗日军提供伙食粮饷。经此一役，林少猫的抗日面目才暴露，这让日军大吃一惊，原来他们眼里的"忠实奴才"竟然是抗日英雄。此战斗一结束，林少猫便义无反顾，舍小家为大家，变卖家产，率领部队和日军战斗到底，只有33岁的他从此被推为南部抗日义军的领导人。

仅仅在位四个月不到的桂太郎总督草草下台，调回日本之后，乃木希典就任日本第三任"台湾总督"。他又是一位陆军中将，更是1895年侵台日军三个师团长之一，也是个杀人不眨眼的魔头。虽然此时林少猫的抗日身份虽已暴露，日军费尽心机去调查，但仍然未能查出一个子丑寅卯。日军缴获了一些抗日军的宣传品，上面印着"管带福营中军左营关防"，这让日军可是摸不到头脑了，不明白这是什么意思。连乃木希典也在苦苦思索：这个曾经是黑旗军的将领，又在台湾南部的抗日领导者，他究竟是谁？这个问题甚至困扰得乃木希典夜不能寐，感到甚是费解。

1897年5月8日，为了打击日军的嚣张气焰，林少猫决定袭击凤山潮州的日军。当日，林少猫率领五十余名抗日义士，在凤山潮州截击日军，击毙日军宪兵两名。随后又采用"围魏救赵"的办法，巧妙地伏击了来救援的日军，击杀日军数十名。林少猫又率部突然出现在凤山、阿猴等地，对日军交通宪兵展开猛烈攻击。在凤山战斗中，林少猫勇往直前，冒着枪林弹雨上阵指挥和敌人进行肉搏，他的随从却不幸中弹牺牲。战斗结束后，日军从这名警卫员的身上搜得一颗关防和两颗印信，分别为"管带福营中军左营关防"、"阿猴街金长美信记"和"林义成"的字样。调查之后，日军才得知，黑旗军中军的将领，碾米厂的厂东，林义成，原来都是林少猫。这时日军才恍然大悟。

一战成名之后，为了更好地发展抗日力量，林少猫秘密渡海去厦门。他不惜变卖家产从内地购买枪支弹药，来武装军队，壮大军事力量。8月上旬，他从南仔港登陆台湾，从此以后，他往来于淡水溪沿岸，招募士兵，抗击日寇，自己的队伍也不断扩大。抗日军经常活动在东港、枋寮、万丹等地，并建立了抗日基地，密切注意日军的动向，借助地形袭扰日军，搞得日军晕头转向，沉重地打击了日本殖民者。

　　对于日军来说，林少猫仍然还是一个谜。他们虽然知晓了林少猫的真实身份，但却无法掌控林少猫的确切行踪。有时，林少猫好像是神出鬼没的侠客，让日军摸不着头脑；有时，林少猫又突然出现在他们的面前，发动致命的攻势；有时，林少猫像一缕轻烟，飘然而去，无影无踪。林少猫的部队不断壮大。"纵横剽悍，出辄有二三千人。"林少猫手下有许多能征惯战的战士，他们有的是农民出身，有的是小商贩，还有工人出身，有的吃粮当兵出身，既能文又能武。手下人才济济。

　　林少猫的部队不仅队伍人多，装备好，更有铁一样的纪律，他明白军令如山的道理。他对部下要求严厉，这种严厉的治军原则已经传到了日本人的耳朵里。在日本的《警察沿革志》中记载："观此匪变，土匪人数多达数千名，号令严格，毫不侵害良民，概以屠戮日本文武官员为旨。"林少猫经常告诉将士们不要拿老百姓的一针一线，他还经常花钱救济穷苦百姓，赢得了百姓的大力支持。林少猫的部队作战勇敢，意志坚定，战斗力强。虽然他们是乡勇，不是正规军，却让日军感到畏惧，甚至连日军指挥官都对他们赞叹不已，就是这群"乌合之众"搅得日军鸡犬不宁。

由此可知林少猫的队伍并非普通草莽，而是一支相当正规化的劲旅，日本人已经意识到这是一块"硬骨头"。

日军对林少猫已经是恨之入骨。日军几次想通过诱杀来除掉林少猫，但没能得逞，所以又开始使用毒辣的手段，外软内硬，软硬兼施。1899年2月，日军用巨额奖金悬赏捉拿林少猫，想用金钱拉拢人心，同时派遣特工实施暗杀计划，结果令日军非常失望，一无所获。林少猫行动诡异，也相当隐蔽，在台湾南部各地神出鬼没，有时埋伏于山里，有时潜藏在镇上，令敌人一筹莫展。

为了找到林少猫的踪迹，阿猴地区的警察会同阿猴宪兵队、万丹阿里港守备队，包围港西中里下厝庄，围捕林少猫，但只抓到了林少猫13岁的养子陈豹，林少猫巧妙地逃脱。

日军在万般无奈之下，再次使出"劝和"之计。4月间，凤山办务署长丰田、阿猴办务署长满留以及《台南新报》社长富地近思3人组成专门的小组来策划诱降林少猫。他们一方面释放被俘的义军首领林天福向林少猫"表示诚意"，想让林少猫放松警惕；另一方面指派打狗商人陈中和、凤山街长陈少山、凤山商人林玑璋、台南县参事许廷光、阿猴办务署参事苏云梯等出面劝说林少猫投降，这些人都曾经和林少猫有过交情。但林少猫的抗日意志非常坚定，他们无功而返。

此时，日方又逼迫一人前往联络。此人与林少猫的关系更为亲密，他就是溪州庄的富豪杨实。杨实和林少猫以前是刎颈之交，不但捐赠大量资财给林少猫从事抗日活动，还将义女蔡鹅许配给了林少猫，跟随其抗日。杨实说出了自己的来意，林少猫没有立刻答应，只是敷衍一下而已。

杨实走后，林少猫陷入了沉思。他深感随着形势的变化，抗日活动再像以前那样不断地打游击，已是十分困难。和敌人拼命一死了之容易，可是坚持长期抗战很困难。审时度势，林少猫只能将计就计，和日本人谈判，争取有利的条件，相应地转变斗争策略，改善抗日军的生存环境，只有这样台南的抗日运动才有可能延续下去。

战场上的斗争是你死我活，谈判桌是没有硝烟的战场，一场新的斗争又开始了。4月19日，林少猫经过思量，知道如果自己出山，日寇反悔，可能抗日军就土崩瓦解了。所以他先命令他的弟弟林狮出山，先向日方提出若干苛刻的条件，用来试探日军的动向。这就好像是一连串不带硝烟的"枪弹"，重重砸在日方代表的心里。日方痛苦不已，但也是无可奈何。经过几次谈判，林少猫寸步不让，丁是丁卯是卯，锱铢必较。最后，在日方表示接受其他一切条件的前提下，林少猫仅放弃了"下淡水溪通行舟筏由少猫义军征税"一条。此外，在文字表述上，将义军所提"赔偿金"改为"授产费"，经过一番心理战、嘴上功夫的较量，日本没有得到任何便宜，为了作出诚意，日军和义军双方签订了"条件准许书"。主要内容有：

1.少猫占住凤山后壁林一带。

2.该地带垦地免除纳税。

3.少猫占住之地，官吏不得往来。

4.少猫部属犯罪时，可提诉于少猫，官府不得擅行搜捕。

5.少猫所住地域内如有土匪，当由少猫自行捕送官府。

6.如有少猫部属被官府逮捕，有少猫保证当即释放。

7.少猫从前之债权及被夺物件，准许少猫收回。

8.少猫族党被系者，以少猫之请求，当即释放。

9.官府推诚相待，少猫改过奉公。

10.官府发给少猫授产费二千元。

双方交涉完了，也签订了和约，总得作出一个形式让众人所知。日本人早就打好了小算盘，如果举行"归顺仪式"的话，最起码可以让台南的人民知道林少猫已经"归顺"。日本决定在5月12日举行"归顺仪式"。消息传到林少猫的耳朵里，他也在想这肯定是个"鸿门宴"，但如果不去的话，一是被日本人耻笑，二是让台湾民众丧失信心。为此，5月11日，林少猫公开出山。而这天也是农历三月二十三日，正是祖国大陆沿海渔民和台湾人民祭祀妈祖圣诞的盛大节日。由于历史上的台湾就是以渔业为主，所以台湾民间广泛信奉妈祖，岛内妈祖庙不计其数，香火也十分旺盛。每当妈祖圣诞的日子，台湾同胞更是举行各种盛大的仪式，表示对妈祖的感激和尊敬。林少猫选择这一天下山，也是在反复思考下作出的决定。这个举动向日本当局暗示：台湾是我中国的台湾，台湾同胞是中华民族的一部分，台湾人民永远不会忘记自己的祖国母亲。为此，林少猫参加了阿猴当地的妈祖圣诞祭典，并捐祭仪300元。这一举动让日本人都为之叹服。

当晚，林少猫在阿猴老家大宴宾朋，摆出一副不惧日军的意思。5月12日，"归顺仪式"开始。林少猫上演一出"单刀赴会"，自己只率领了30个卫兵前去。日本人看到林少猫手下荷枪实弹，武装到牙齿，不敢说话，有些惧色。日方代表之一的富地近思反复劝说，林少猫才接受了富地近思的请求，命令他的手下放下武器，来表示"诚意"。这样，"归顺仪式"顺利进行。"归顺仪式"之后，双方暂时停战，冲突减少。后来，儿玉源太郎曾和林少猫在阿猴会晤。林少猫与他分庭抗礼，绝不退让，令日军为之震惊。

日军不久就撕下了亲善和平的假面具，开始对抗日军进行围剿。这个结果也在林少猫预料当中。但是在这次围剿中，大多数抗日军由于防备不严，丧失斗志而损失惨重。相反的是，林少猫率领部队驻扎在后壁林，后壁林作为军事基地是一个绝佳之地。林少猫的部队进驻后，战时为兵，闲时为农，把士兵动员起来开发后壁林这个地方。没过多久，林少猫就将这里治理得犹如一个独立王国。他们在四周挖深壕和陷阱，在周围摆上了削尖的竹子阵；用石头泥浆加上糯米汁垒成城墙。城墙内铺设道路，修筑水渠；里面设立里甲编制，有垦水田数百甲，麻园30甲，番薯园30甲。又经营渔业、酿造，建立糖厂、肥皂厂，甚至还有商行、药局、娱乐场所等。抗日军内部组织严密，设立了管理人员如偏将、书记、医生、会计、监督、密侦等职位。加上这一方土地肥沃，还有军民的辛苦劳动，不仅自给自足，而且一年能盈利上万金钱。

1902年5月30日上午，台湾警务科长约林少猫到大桥头见面，林少猫心知有诈，带领部下七八十人赴会，全副武装将会场包围。正当林少猫与日警争辩时，其部下自后壁林赶到，报告说已经发现埋伏的日军部队。林少猫迅速率部退回后壁林，使日军暗杀计划未能得逞。

暗杀不成，日军于是发动全面攻击，准备以武力剿灭林少猫。日本先以大炮猛轰，把坚硬的城墙炸开，继而发起冲锋，在机枪的掩护下，向城堡进攻。抗日军顽强抵抗，让日军前进一步都要付出血的代价。虽然敌众我寡，虽然实力悬殊，但是抗日志士没有妥协退让，而是以死殉国。双方血战至下午5时，日军才攻入城堡。此时部分抗日军突围而出。日军穷凶极恶，四处追击搜捕，发誓要斩尽杀绝。

与此同时，一部分日军围攻溪州庄，使用了重武器，炮火十分猛烈，林少猫的弟弟林笔，儿子林雄及部下林漏太、吴万兴等20余人被俘。当晚，林雄因伤重不幸遇难。日军进入寨子，硝烟过后，却不见林少猫的尸体。日军派出搜索队，下了死命令一定要找到林少猫的尸体。5月31日下午，搜索队在后壁林堡西门外发现了林少猫遗体。经查验，林少猫身中数弹，腰部被子弹贯穿。

林少猫战死沙场，是台南抗日斗争的一大损失。他坚持抗日长达7年之久，是这一时期坚持抗战时间最长的也是最杰出的抗日领袖。日本派驻台湾的"总督"得知林少猫已死的消息后，亲自南下巡视战场，要求厚葬林少猫，可见他对林少猫既畏惧又敬佩。

1896年到1902年，台湾两地的军民展开了长达7年抗日斗争，浴血奋战，不畏强敌，虽然遭受到了日军的打击，但也给日寇以重创。这也体现了中华民族团结一致，共御外侮，爱国高于一切的精神。抗日志士的精神不死，浩气长存，永远激励着中华民族的儿女。

四、终有重光日

　　1911年，是中国不平凡的一年。辛亥革命爆发，中国面貌焕然一新，最后一个王朝清朝被推翻。辛亥革命激励了台湾的反日斗争，在辛亥革命胜利的稍前和以后，岛内先后爆发了十二次抗日起义事件，其中至少有十次都是在辛亥革命胜利的影响和鼓励下发动起来的。其中以1907年蔡清琳领导的北埔起义、1912年刘乾领导的林圯埔起义、1913年12月罗福星领导的苗栗起义和1915年5月余青芳领导的噍吧哖起义最为有影响力。这些起义虽然被日本殖民者镇压下去，但也沉重打击了日本在台湾的统治。

　　在台湾人民的抗日斗争中，台湾土生土长的土著居民是一支不可忽视的力量。日本入侵后对台湾的资源大肆行掠夺，将许多土著居民居住和生活的森林、山川矿区归为官有，还把土著居民驱赶出世世代代生活的家乡。

　　日军从军事、经济、政治各方面加紧控制，奴役台湾人民。通过镇压和欺骗的手段，日本人想把土著居民赶尽杀绝。这种种恶行激起了土著居民的强烈反抗，他们拿起武器，捍卫自己的独立和自由。台湾各族人民团结起来抗击日寇，在反抗日本殖民暴政上是完全一致的，他们的抗日斗争也是互相支持的。据不完全统计，日军死在土著居民刀下的就达上百人。台湾各族人民的英勇抗敌，前赴后继，参加人数之多，持续时间之长，战斗之激烈，牺牲之惨重，在中国反侵略斗争史上都是浓墨重彩的一笔，永远值得我们怀念和学习。

到了1930年，台中地区发生了震惊全岛的大事，这就是著名的"雾社起义"。

雾社地处于台湾的中部，风景优美，交通发达，男耕女织，是赛德克人世代居住的地方，也是日本人控制中央山脉的重要基地。

1930年，赛德克群众正在庆祝部落酋长莫那鲁道的儿子新婚，他们根据自己的风俗搞了庆典。正当赛德克人载歌载舞举杯欢庆的时候，日军驻雾社的警官山前的到来，使气氛骤然紧张。人们的歌舞也随之停下来。山前警官统治雾社已经多年，他身后有日本宪兵队撑腰，平日里飞扬跋扈，目中无人，残杀百姓，这帮凶残至极的日寇什么事都干得出来。山前这一次趁婚礼故意来找碴，大家敢怒不敢言。莫那鲁道只能强忍住怒火，让儿子给这位日本警官敬酒，而山前却因为达多的手上涂有牛血，连续三次掀翻酒盅。涂牛血这是赛德克人的习惯，掀翻酒盅更是极大地无礼。这一举动终于激怒了平日里淳朴善良的赛德克人，于是莫那马宏达和弟弟莫那阿杰两兄弟，将山前痛打一顿，赶出了山寨。虽然一时给山寨的人出了气，但是这一定会激怒日本人。莫那鲁道预感事情不妙，亲自带上礼物、率领众人去警察所道歉。日本警察不分青红皂白，扬言如果不交出打人的那两个人，就要血洗雾社。莫那鲁道回到山寨后，怒气冲冲，想到日本人对赛德克人犯下的种种暴行，也想到了日本人对台湾同胞的压迫，痛心疾首。他与族人经过精心准备后，决定主动出击，免得被动挨打，为此他们决定发动起义。

古人说：天时地利人和。经过谋划，莫那鲁道把起义的时间定在了10月27日。因为台湾殖民当局定这一天为"台湾神社祭"日，祭奠在台湾毙命的北川亲王。雾社的小学每年的这一天都要举行运动会，周围的日本人都要来参观和集会，这也正好给了起义军突袭的机会。莫那鲁道等人商定了起义行动步骤：首先是袭击雾社周围的警察驻地，再回到雾社，攻击小学运动会会场。从凌晨开始，起义民众分数路袭击马赫坡、勃阿伦、荷戈等处的警察驻在所，杀死日本警察，切断电话线和炸毁桥梁，防止日军增援。

27日上午，300多起义民众分为两路，一路由莫那鲁道率领，突袭雾社的派出所、日本人的樟脑公司、日本人宿舍和邮局等；另一路攻击雾社小学操场。此时在雾社的日本人一点也不知晓大难即将临头，还在等待集会。8时，小学的运动会准时开始。日本的公职人员正肃立升旗，突然花冈一郎已经率队冲入操场，在场的日本人纷纷倒下。这次的突然袭击，给日军来了个措手不及。莫那鲁道率领另一支人马杀进雾社的派出所、邮局等处，他们身手敏捷，很快就解决了战斗。莫那鲁道又派人破坏雾社附近的铁路，并在日军来雾社的必经之路设置了障碍，来阻击日军的行动。因为只有拖住日军，才能争取更多的时间。

到了中午，在小学校里出席会议的一名督学侥幸逃过了起义民众的追杀，他回去向当局汇报，这时雾社发生起义的事情才为当局所知。第二天，总督府立即组织起1100多名警察、800多名陆军以及1300多名士兵的讨伐部队，紧急集结，开赴雾社。

日本政府接到紧急报告后，从日本本土派出多艘军舰和十几架运输机运兵到台湾，会同日本驻台的海陆空军和警察一起围攻雾社。日军在大炮和飞机的掩护下疯狂进攻。日军先用重炮猛轰，然后派冲锋队冲锋。雾社地区的房屋大多被重炮轰平。起义群众依靠断墙残壁的掩护，在枪林弹雨中跟敌人进行殊死的搏斗，使敌人每前进一步都要十分艰难。1930年11月，各社相继沦陷，起义军只好退到山里继续战斗。

1930年11月5日，日军到达马赫坡社东南方高地附近，受到雾社军民的打击，死伤颇重。日军为了快速扑灭起义的火焰，增派部队配备机关枪、火炮，并让飞机投掷违反国际公约的"糜烂性毒气弹"，攻击躲藏在深山密林中的抗日队伍。在粮食弹药极度缺乏的情况下，抗日原住民退守马赫坡岩窟，大多数人战死或者在巨木下自缢，情形十分壮烈。最后莫那鲁道看见大势已去，持枪自杀。而他的儿子达多莫那不接受招降，与被迫前来招降的妹妹诀别后自尽，至此雾社起义结束。

以莫那鲁道为首的赛德克人，敢于和日寇作斗争，他们不畏强暴，敢于出击，给日本殖民者以沉重的打击，助长了台湾人民的革命志气，他们这种视死如归、英勇不屈的精神值得我们纪念和学习。

第一次世界大战爆发后，随着经济的不断增长，资产阶级的改良主义开始出现在台湾的政治舞台上。其中最著名的就是林献堂先生，他是梁启超的好朋友，深受康梁维新思想的影响。他曾经对梁启超说过一句话"切勿轻举妄动，避免无谓牺牲"，林先生之后的政治活动都是以前以这句话为指导。他先后领导了反对"台湾同化会"运动、"六三法"撤废运动、台湾议会设置运动等。这些民主运动虽然不像直接的战斗那样振聋发聩，作用明显。但从长远来看，同样是在为台湾人民争取民主权利和自由。

随着日本人加强控制，台湾民主运动逐渐低落，随之而起的是工农运动和台湾共产党的斗争。

到1930年，全台湾共有工人大约22万人，在日本的残酷统治下，他们毫无政治权利，受到日本的大资本家、大财阀残酷

密苏里号战舰上日本代表签订投降协议

剥削压迫。工人们在长期斗争中，总结了经验教训，相继在各地成立了工会，如台北机器工会、基隆机器工会等。但由于没有科学的理论做指导，没能统一形成全岛性的工会。

此时轰轰烈烈的国民大革命正在进行，在大革命的推动下，台湾工人要求改善劳动条件、反对压迫、反对剥削的呼声也越来越高。1920到1929年之间，全台爆发了293次大罢工，暴力示威10次。这些罢工和暴力示威震惊了台湾岛，也鼓舞了工人们的斗志。

1928年以后，工人运动在台湾共产党的领导下蓬勃发展。仅在1928年就发生了83次大罢工和34次示威斗争，参加人数达到5500多人，后来又成立了"台湾交通运输工会"。正在工人运动发展如火如荼的时候，日本派出军警全岛大搜捕，屠杀工人运动领袖，逮捕进步人士，轰轰烈烈的工人运动被镇压了。

日本占领台湾后，对农民也进行了残酷的盘剥。全台农民占总人口的80%，却只有22%的土地，挣扎在饥饿线上，和死神作斗争。因此台湾农民奋起反抗，台湾的农民运动兴起了。1924年到1925年间，农民要求减租减息、抗租和反抗制糖会社剥削的斗争愈演愈烈，参加斗争的人数从一千多人增到五千多人，仅仅用了一年时间。1926年，台湾农民组成了统一的"台湾农民组合"，6月在台中召开了第一次大会，大会表示接受马克思主义的领导。从此之后，台湾农民组合日益成熟和发展，成为农民运动的坚强堡垒。在随后的两年里，农民反对日本殖民者的斗争事件五百多次，参加人数高达五千多人。

声势浩大的农民运动，令日本殖民者坐卧不安，惊恐万分。他们不仅使用本地地主组织的行会进行欺骗和分化，还派出武力进行疯狂镇压，农民运动的总部和各地支部都遭受到了不同程度的破坏，但是群众是赶不尽杀不绝的，抗日义士们仍然还在坚持斗争。

1931年9月18日，日本挑起"九一八事变"，进犯中国东北地区，中华民族的局部抗战已经开始。1937年7月7日，日本发动"卢沟桥事变"，全面抗战爆发，至此中国人民经历了长达八年、艰苦卓绝的抗日战争，台湾也不例外。在抗日战争中，国共两党精诚合作，共同抗日。台湾人民也为中华民族的抗日战争作出了重大贡献。

1944年，中国人民的反攻开始，日本已经无力支持作战。1945年8月15日，日本正式投降，9月2日在东京湾签署了《无条件投降书》，台湾回到了祖国的怀抱。

后记

历史总是这样告诉我们，非正义战争总是要失败的，正义抗争的人民总是能取得胜利的。半个世纪的殖民统治，我们看到了台湾人民的坚强不屈、决不妥协的身影。不管是汉族还是少数民族，不管是军人还是工人农民，不管是青年男子还是妇女儿童，他们都是一群有着崇高爱国精神的人。全民抗战，人人保台，宁愿人人战死，也绝不拱手让台。从丘逢甲到徐骧，到刘永福再到后来的抗日三猛，不论是诗人、书生、富豪、乡绅还是草莽英雄，他们的身上都留下了值得我们后人学习和尊敬的东西，那就是他们的不屈精神。中国人民要向世界宣布："中华民族是不可战胜的。"不屈因为我们有我们伟大的民族魂。

延伸阅读

瀛海偕亡记（节选）

自序

自古国之将亡，必先弃民。弃民者民亦弃之。弃民斯弃地，虽以祖宗经营二百年疆土，煦育数百万生灵，而不惜转断于一旦，以偷目前一息之安，任天下汹汹而不顾，如割台湾是已。

当郑氏之开拓台湾也，北不逾诸罗，南不逾凤山，其地不及今五之一；兵二三万，番二三十万，其众不及今十之一：而西驱荷兰，东敌倭人，南控吕宋，北犯大清而有余。而今负之以大清之大，重之以本岛之庶，而不能有为，反举而畀之岛国。天下孰有痛于此者乎！

唐弃维州，宋弃临州，明弃三卫，乃陷于强敌而后弃，初非以行成也。况一州不过兵民数万，孰有若台湾数百万乎？且唐失维州，以牛僧孺妒德裕成功也；宋失灵州，以孤悬夏境，救援不继也；明之大宁，则以兀良哈从成祖出篡逆之兵，予以酬劳也，盖犹石晋之去燕云也，其后兴和军弛，开平以孤立徙塞内，亦非故弃边地如台湾之赍寇资也。

自和约换，敌军来，台湾沉沉无声，天下皆以蕞尔一岛，俯首帖耳，屈服外国淫威之下矣；而乌知民主唐景崧一去，散军、民军血战者六阅月；提督刘永福再去，民众、土匪血战者五越年，糜无尽英毅之驱于炮火刀戚之中而无名无功。此吾人所当汲汲表襮者也。然使其时而有一国一人焉，稍稍接济其间，则反败为功，若荷兰之视比利时、希腊之离土耳其，未可知也。平壤有若是战焉，高丽盖可不失；鸭绿江有若是战焉，辽东亦可不失，而有割辽、割台之事也哉？嗟乎！

危急而割地以图存者，欧洲亦时有之矣。法兰西割奥尔沙士、罗连二州于德也，前相爹亚读和约，大哭不能终。台湾系七省屏藩，当东海、南海之冲，即黄海、渤海亦握其柄，非若奥、罗二州介在德、法一隅之比。而李傅相等乃夷然漠然视割台如唾涕之委地，且要朝廷饬各省毋阴济，是尚为有心肝乎！

唐之微，犹复河湟；明之季，犹窥河套；宋之将南，犹不忘燕云；法社奥、罗二州之神，佩丧章四十年而不去。而清廷之视台湾如何乎？京师不以为足趾，闽越不以为唇齿，而使沉沦水深火热之中，长属休离襟昧而靡有所底，是则可为台湾哀也夫！是则可为故国哀也夫！

光绪柔兆敦牂之岁（三十二年丙午）洪弃生序。

卷上

清光绪二十有一年（日本明治二十八年，西历一八九五年）三月，遣李鸿章同五国西使航东洋议和，割辽东半岛、台湾全岛畀日本，偿兵费二万万。

先是我军败于朝鲜，退鸭绿江，丧九连城、凤凰城，西及营口，南及旅顺口，东南及威海卫，京师震动。而台未被兵。及廷命张荫垣、邵友濂使东洋，日君辞不见。自是敌复有取台湾为挟和计。计台湾未能遽下，乃发兵船取澎湖。

守澎湖总兵周振邦怯懦无能。先是（二月）七日有轮船二，诈（称）法国舟，泊天妃澳探港路，复登岸窥营制。周不敢诘，反宴饮之。越日而一舟去。至二月己巳（中历二月二十七日，公历三月二十三日）而兵轮大至，天妃港我兵众发炮中其二船，敌以两船夹一船退。是夜回航龙门港，以小艇登陆。周则闻风先遁。协防副将林福喜请兵不继，亦退走。而敌师伊东佑亨入澎湖厅。是时西屿犹未失守。西屿都司为刘忠良，有胆勇。方日船之初至，即羁其船中人，而总兵礼之，无如何。及敌兵至，则直前奋击，以无援战死。于是澎湖各岛无清兵。

方澎湖急时，炮声隆隆震台湾，自辰及午息；而巡抚唐景崧发电报，谓倭退走。迨越旦，而嘉义朴子港、彰化鹿港舣舟而来者皆我军也，始知确耗。

四月壬寅朔，和议定，洋商、岛民喧传朝廷已割台湾，巡抚犹未知，发电吁京师。而丁巳（十六日）覆电至，百姓皇皇鼎沸，不愿他属。而巡抚及司道以下，发行李及眷属先行。百姓愈哗，竞起要留。官绅富室缄縢赴渡者，莠民遂出而截之。由是四处匪人坌起如毛。

周宏遇者（或云周镇邦），抚台中军统带也，平时颇克剥。有李文魁（或作文奎）以直隶游匪从淮军来台，充抚辕亲兵长，被副将武巡捕方某革退，伏于台北，聚党掠唐婿余某内渡之装。方某自抚署出，被斫死。中军护勇亦内应，发枪击杀周宏遇。既欲入杀唐抚军，而帮办大臣杨岐珍率兵至，抚军反慰抚叛兵，命李文魁为统带屯鸡笼。官眷既不能行，则扬言朝廷无割台意，第敌人欲之耳。百姓不信，则复扬言外国出讲，许割澎湖而已。

迨戊午（十七日），而唐抚军有伯理玺天德事，称台湾大总统，建号民主国，立蓝地黄虎旗，有誓死不去意。百姓大欢，中南路又先发兵铲土匪劫掠者，百姓亦大定。全台各局复争拥总统固守地方。帮办大臣刘永福守台南，尤民望所归。自安平至旗后各港，重重布置，百姓咸恃以无恐。然福建水师提督杨岐珍则率军先归厦门。京师电至，谓台抗京危（乙酉弃安南，李鸿章电云越抗闽台危），而唐总统亦无守台意，外借以苟安民心，内实冀有外国保护。频通信两江总督张之洞，谋于法兰西，而法方用兵争马达加斯戛岛，无暇他顾。以陈季同介法人，求各国承认民国，不报。聘俄公使王之春过巴黎，屡说以利，亦不行。总统乃失望。先是大总统事定，即与绅民议送母回乡，郡民悦而送至海。

五月丙子（初六日，公历六月二日），李鸿章子经芳为交割事偕日兵船至。至鸡笼，知台湾有备，不敢登陆，指授台湾而回。日兵船谍知鸡笼炮台固，不易攻，亦旋驶东北至澳底（港口）而登。守澳底统领曾喜照有兵六营，不战而退。日兵进三貂岭（在基隆东南，旧属淡水县）。三貂岭有徐邦道一营，欲出战，为曾军溃众冲动，亦失守。戊寅（初八日）至金山。金山有台勇一营，为台人简溪水统领，闻寇壮甚，进战获胜，敌少止。越日再战，不能敌。唐总统命粤勇助战，则将不协，反溃退。而大墩尖者，天险也，循是而南，左狮球岭，右鸡笼山。狮岭统领胡连胜有兵六营，鸡笼总统张兆连有兵十营，相隔不数里，连营聚兵，未尝应敌。敌兵由金山分道进，至大墩尖，见无兵。则大喜。既至狮球岭，骤雨浓雾，对面不见人。胡兵方备战，遇雨则大懈。而敌军着油衣，戴油帽，冒雨乘雾爬山而进。既近，我兵方知之，仓卒应敌。后路各民兵势急，群隐身伺敌，而粤勇以为怯，反枪击之，民兵怒哗，以粤勇叛，亦击之，军遂大乱而溃。于是敌兵长驱无所阻，张兆连、胡连胜望风窜。

当闻警时，大总统电召乡绅林朝栋、邱逢甲于台中。林朝栋字荫堂，父文察，小名有理，居踞窜雾山，以焚杀豪一方。

同治元年，左宗棠以巡抚荡寇浙江，闽浙总督庆瑞檄总兵曾玉鸣募兵从征，文察应募，自温州与衢州将廖士彦复处州，积功署福建提督。同治三年，进漳州，陷遘寇李世贤之难，焚死江东桥。朝栋则于光绪十年应募，从钦差刘铭传防法兰西于鸡笼。十四年，削平阻挠丈田彰化乱民施九段等，以功保道职。是时亦防堵鸡笼，带队归。有问者，慨然曰："我战而朝廷不我赏，我遁而日本不我仇，我何为乎？"得电不应。邱逢甲者，台湾粤籍进士也。未第时，受知巡道唐景崧。唐为巡抚，思保举之，奏章称其领义勇百二十营，实不满十营。及是亦不应，赴梧栖港舟先遁潮州。唐总统于是四顾旁皇。其母自粤中募三千兵至，无所措置。而李文魁率溃勇自鸡笼入城，迫总统出战。唐绐慰之，转身入内，从后门奔火车路。有问者，曰："将往鸡笼督战也。"既乃匿德国洋行，微行向沪尾（台北西北之港口）雇德兵船护爹利士洋船西遁。李文魁则劫府库，焚抚署，饱飏至厦门伏诛。台北既无主，散兵、乱民群起攘掠，道路不通，民竞闭门；盖五月癸未（十三日）也。

当是时，省城虽乱，日兵仅至鸡笼，未敢径进。德商毕狄兰以书告事实。有鹿港辜荣者，羁游在台北，则手一伞走鸡笼，操官话告日军以省城倥偬状。别将水野遵以告大将桦山资纪（即首任台湾总督），大将且喜且疑之。五月乙酉望，遣三百骑来刺之。至则城门不闭，商民屏息，散勇已尽向新竹。越二日大队至。至则占民房，掠鸡牛，搜军器。民之移家者，担簦蹑屩，扶老携幼，累重载舟，纷纷蔽海而浮。妓女刍妇，亦有去者。风云惨淡，日暮则道路无人。有闻扣户声，则阖室皇皇，相惊以番兵来矣。其骇异之情如此。

五月既望，台湾中路知总统去，省城失，令人刺探。至新竹，而民间方杀溃勇，谓粤勇通倭。道路梗不可行而返。台中府孙、台湾县叶、彰化县丁纷纷携赀重而行，则道路皆阻。林朝栋方在家，先在省城领后月饷，及是则发饷予勇，列队而行，从熟径间出至海，府县多随之去。

有委员黎维嵩自台北至，接署台中府印绶，驻彰化镇抚台中。有葫芦墩巡检罗树勋接署彰化县，有鹿港举人施仁思佐知府开筹防局，有苗栗县生员吴汤兴领义勇到新竹，守县城。

初，汤兴负意气，遇邱逢甲统义勇营，慷慨自请。闻李鸿章割弃台湾，则愤激作大言。逢甲亦鼓舞之，意气益勃勃。逢甲故粤籍，汤兴亦粤籍，声类相翕。逢甲遂引见唐总统。总统方急时事，逢甲言无不应，即给与汤兴统领关防。汤兴归，则大会乡人盟誓，益作大言励乡氓。乡氓亦粤籍，咸不愿属倭，听其言无不悦，则各搜器械，具馈粮备应用。汤兴乃作义勇衣，树义旗，置亲兵，列营号，出则拥护而行，其意壮甚。然其与敌冲锋出阵，则皆徐骧、姜绍祖二人。汤兴家铜锣湾，在苗栗南，徐家头份，姜家北埔，在苗栗北、新竹南二县中，北埔尤傍山。二人亦粤籍，亦苗栗县庠生。吴三十六岁，徐三十八岁，姜最少，二十二岁。徐、姜成队即行，结发束袴，肩长枪，腰短枪，佩百子弹丸袋，游奕往来，以杀敌致果为事，人不知其为书生也。

方汤兴得关防时，则自苗栗街（即苗栗县治）率数百人北上赴总统。至新竹，闻台北失，遂止，与傅德星军截戮溃勇，防击敌军。适姜绍祖兵至，乃进驻大湖口，在新竹北二十五里。盖绍祖先领义勇一营防沪尾，总统去，回至此。德星本林朝栋麾下，领二营在新竹，朝栋急行不及撤，为知县王国瑞所留者也。

是时日本自台北分队南进，一循山道大科嵌（在新竹东北，桃园之南），一循官道过桃仔园，至大湖口。道大科嵌者，阻于山海镇胡慕猷；至大湖口者，阻于吴汤兴一军。胡嘉猷小名锦，本淡水县吏，时自台北归，闻日兵至，闭竹林登炮台发枪。日兵藐之，聚而环攻。嘉猷率数十人死拒。日兵攀竹跳而入。嘉猷率数人跃而杀之。如是者三，敌犹不退。嘉猷取旧扛炮出，而无子，以铁丸铁钉揉入而发，敌始骇散，然犹不去。适大科陷简愚等亦起事，大科陷即大科嵌也。时徐骧击敌之队适至龙潭陂（在大科嵌西南十余里），势锐甚，于是三角涌、三峡庄（均在大科嵌东北）一带人民群起相应，四面包裹，杀声连天。日本大佐樱井氏一队六十名覆没，余敌不支，悉走山林间。三角涌人围之。此东路军也。

五月辛卯（廿一日），吴汤兴军自大湖口齐出赴战。徐骧军既前进，向东路，汤兴、绍祖则率军自西而北，遍布官道。

而西路日军适至，相遇，各开枪火。日军恃众，惟发排枪，弹如雨下，鲜命中。吴军多山民，善狙击，弹无虚发，日军仆者相续，遂大败，退至中坜，或退至桃仔园。越日，整队大至，复大战，相持不下。吴军非素炼，又苦饷械不继，新竹巨室复观望不供应，休憩各村无所取赀，已不可支。丁酉（二十七日），日军锐出殊死斗，汤兴军遂败退红山崎。于是日军进驻大湖口，慑于前日之战，不敢进。

是时东路军无声息。日帅自台北遣二十骑侦之，至三角涌，多要于路，亡十九骑，一骑归。乃集众往赴之，路窾窋难行，山民复齐出御，不能进。有粤营勇弁旧驻其地，熟山径，导之莗山，从山后入覆其家。三角涌民望见火起，大溃。而困守日军，闻救至，亦轶出山。诸围于山下者尽奔。胡嘉猷挈眷走新竹。于是东路通。其军亦至大湖口会军，屡攻吴汤兴等军。

汤兴乃回新竹，命新竹富家纳一年租税输军，不则军法从事。新竹人大哗。敌氛日迫，汤兴度不可居，乃与傅德星军退出城。汤兴退苗栗，德星退彰化。而新竹人或使无赖数辈至大湖口输情。于是闰五月辛丑朔，日军整队来。至则城上阒然，城门犹闭，王县令出城南向大安港，乃逾城斩关入，以八百人驻守，而亲王之兵继至。

初，台北既失，中路皇皇，谓不日敌军且至。及是旬余，日寂无闻，迨汤兴报至，始知有阻之者。汤兴之战，恒在后路具文报，张战功，列叙统领总把营官名目甚伙。盖其时有前台湾镇总兵吴刚亮在苗栗街北义民亭，眷口为汤兴所留。兵在义民亭山者遂率与汤兴共襄战事。刚亮已老，亦偕赴大湖口，而徐骧、姜绍祖每战当先，则啧啧众口。汤兴既去新竹，刚亮为脱身计，谬谓往台南请刘帅援兵，率队行，汤兴即亦不之留。知府黎维嵩得汤兴战报则大喜，及德星等军归，爰大怒。德星出示四月林朝栋饬其散军队、偃栋字旗手书，知府原之，勖其再图克复。知府乃邀集施仁恩、罗树勋、武进士许肇清拮据筹饷。富室或西渡，或观望不前，惟鹿港海关盐务二宗稍可集。军装多取资旧勇。知府以其戚杨载云为统领，率一营。添募陈澄波一营，合傅德星为四营。往招汤兴集军。德星等驻尖笔山，距新竹十一里。载云军驻香山，距新竹十里。汤兴军则驻于二地之中，半与载云军驻石屑仑。

当是时，日军得台北一府城、二县治（淡水、新竹），西不尽海，东不入山，北不尽宜兰，南不出新竹城，而刘帅永福抚有两府（台中、台南）、八县（恒春、凤山、嘉义、安平、苗栗、云林、彰化、台湾）、一州（台东）。台中、台南，循海至山，咸愿听命。日军恣睢，台北乡民到处为梗。迤西平顶山民亦时截其饷道。而本国又方有俄罗斯、德意志、法兰西三国逼迫，胁退辽东，兵船不敢出，进退维谷。全台人民引领而望刘帅克台北，即不然，一偏师新竹可立复也。乃知府揽权，恃有苗栗义勇，希冀其能集事，不甚请援台南。迨后请援，则事去矣。

我军之再进也，初不敢坐甲糜饷，各克期闰五月戊午（十八日）攻新竹。而汤兴先时乏饷，告于知府黎。黎拨本年串单，俾收苗栗租赋。苗栗民皆愿纳，而苗栗知县李烇不顾，亦急征是年赋，遂相龃龉。杨载云新起，与德星诸人等夷，不能统摄，军律不一。吴汤兴与徐、姜各居一方，事事先期约。陈澄波驻稍后，冀香山接待，先使告香山总理，总理则告新竹人，转报日军，于是师未行而期泄。日军乃集众，先出四郊埋伏，城四门严盘诘，始餂新竹人以甘语。丁巳（十七日）夜，我军三路进，傅德星自东门，陈澄波自西门，吴汤兴自南门，杨载云继后策应，徐骧、姜绍祖各从间道先进。而澄波军至隙仔溪，猝遇伏发，避入蔗园，发枪应之，相持至戊午傍午，麾军退。载云出牛埔，会汤兴军，攻南门不入，合德星军，从东南路进。日军先据城东二、三里之十八尖山，则下山邀截。汤兴军熟山谷路，亟先应战，载云、德星军左右进，日军凭山发枪。我军先后奋迅，争上夺其山，自山上发抬炮，弹丸及城中。日军则发大炮，我军伏避炮，十八尖复为日军据。我军或从山后东径击其腰，日军复退山下。一上一下，如是者数次。新竹人从屋上观，错愕叹两军壮烈。及炮丸毁城中瞻园王邸之窗，亲王走，于是观战者亦走，金谓来军有大炮则克矣。我军卒以无大炮，乏子弹，被驱下山。而西门胜敌之日军复至，徐骧、姜绍祖之军为日军截断，我军乃引还。

姜绍祖之进也，从山东道越十八尖山至新竹东门。将夺城，城上兵吹号发枪，城下军骤至，绍祖所部二百人冲为两段，一段奔溃，一部从姜绍祖入枕头山竹林中黄谷如空厦。日军追逐前段军，未遑蹑绍祖。枕头山者，十八尖山下平坡也，距东门一里。绍祖望见十八尖山之战，则从屋上发枪击山半敌军。敌始弃所追，集兵来围之。绍祖欲出战，而义民中有胆怯者阻之。相距至夕，枪弹尽，敌军齐入，绍祖与七十余人皆被擒。敌军不知谁为首，杀二十人，余囚之，而绍祖自绝死，或谓赎出者讹也。

徐骧率百人，从北路将近城，登高四望，开枪炮交加，见我军在城东大战，转而南击日军之背。日兵在城头率队亟追之。徐骧见其众，分队散行，避入箐以诱之。敌不敢入，发弹射，不能中。徐骧则诫无妄发枪。敌围久，徐骧骤分两队出，一攻其前，一抄其后。日已暮，敌遂退。徐骧从山道全军归。盖徐骧平日亦尝引敌入箐而陷之云。

是日之战，军数虽不明，我军计有千数百，日军虽鸠后方军，计不过千余，故日军列油街中，积薪城旁，浇油民屋上，预备败则放火取路窜。而我军乌合不耐战，遇伏发遽退，或不退而苦战无援，故及于败。是役也，敌不敢追，两军互有死伤，我军损失无多，退仍屯守旧地，惟丧姜绍祖为亏，军为短气。

日军既退攻城军，稍休息，辄复出军，而西阻香山屯军，东阻尖笔山屯军，时有战事，于是知府发电告急台南。命苗栗县李烇募军，得黄万机等四百人，添驻香山。而云林县罗汝泽亦出募军。汝泽即树勋子，充抚辕巡捕，乘台北之失，抱牍补官。而云林路多土匪，不敢驻斗六县治，随其父驻彰化城，杂务委记室罗君蓝。久之，云林应募者，多绿林亡命徒，视倭蔑如也。然府库罄悬，月给彰化城练勇四百尚不足，云林尤狭瘠，故俟至台南来招抚，始成军，时已六月中旬。

刘帅分军至彰化，统福军队者吴鹏年、李惟义，领屯兵营者谭发祥、徐学仁。吴书生盛气，誓死为国；余多浮流品，未至苗栗即不和。至苗栗，吴左袒汤兴，李左袒李烇，即有交讧语。而日本新添二万大兵来矣。

来者为高岛副总督及乃木第二师团长。盖已愿退辽东，俯就俄、德、法三国约，而台湾仍界日本，可以壹意攻取矣。六月辛卯（二十二日），日军遂出新竹，分三道，锋锐甚。天未明，电光烁路，炮火震山，左翼为川村中将，右翼为山根少将，中路为能久亲王，一冲傅德星营，一冲杨载云营，一冲吴汤兴营。是时我军锋芒已钝，漫无约束，使明哨堠，设暗伏，即败犹可成军。而我军不然，敌至，或战或奔。于是杨载云督战中炮死，德星军溃；汤兴不在，军亦溃；陈澄波一营，闻风先窜；徐骧退至义民亭，纠汤兴溃兵凭山再战。敌从西袭其后，乃引一队退入山。台南军管带袁锡清（一作锦清）、林鸿贵战死。吴、李、谭、徐四营军不足数，甫至后垅（在苗栗西

105

北），未敢进，见溃兵亦遂退。吴鹏年退扼大安溪（在苗栗南），余俱退入大甲坡（在大安溪西南），再退牛骂街（大甲南、彰化北）。牛骂街有富室蔡占鳌，领联甲勇四百，惧祸，劝勿屯其地，遂再退汴仔头，旋回彰城。杨载云尸自石屑仑舁过南隘归。或曰载云不退，部下殪之也。

是日，敌军入苗栗，别军循海至后垄，不敢遽进。苗栗令李烇潜行大安港西渡。吴汤兴与父及眷属来彰化。而日本水军至大安港鸣炮。大安南距大甲八里，大甲人遣无赖者充耆老，乘桴迎之，水军不敢登，令向陆军。陆军将一为伏见宫，驻新竹，一为北白川宫，进驻苗栗，并日本亲王也。北白川宫称能久亲王，亦先驻守新竹，既得乡导，遂进大甲。

是时知府再告急台南。刘帅覆电令坚守待援。六月戊戌晦（二十九日），敌氛紧迫，城中人心皆动，各军无敢出哨者。而徐骧领二十九人自苗栗阵上循山路至，慨然以二十九人行视城内外，夜宿城外。有问以眷属者，浩然曰："有天道，台湾不亡，吾眷可得也；台湾亡，遑问家乎？"警夜无忧色。越七月己亥朔，台南军至，人心始定。至者号黑旗队，军不多。越日复至，则台南镇标旧兵也，有旱雷兵二百，而军装炮弹从海道未至。壬寅（初四日），台南军再至，有七星队一百；七星队者，刘帅亲军也。甲辰（初六日），海道三小舟载仗来，而黑旗队已有出守大肚溪者。初，我军自苗栗归，闻台南出援兵，复进驻汴仔头，去城北二十五里。七月辛丑（初三日），

106

日军至牛骂街，我军复退归彰城。及是多与台南军驻城中，或随黑旗军扼大肚溪，去城北十里。

是时日军大至，屯大肚溪北我军惟黑旗队数百，并七星队屯溪南。领七星队王德标，勇毅敢战。有自溪下流由海滨载米欲济日军者，黑旗军阻之不应，七星军则下水牵之。突有敌军二百余列队出，七星军列队击之，敌势锐而南，七星军锐而北，两岸弹子簌簌如雨下，敌迫欲下水，七星军则迫欲登岸。后队黑旗夺其米二筏，余半委于溪。至日暮，两军收队，七星军不失一人。当时城中闻警，知府议分军出援，李惟义等互相诿，追敌去，遂止。

日军既阻于黑旗军，不能由正道，乃分军涉溪上流，循大肚山由葫芦墩一带过台湾县（即台中），转向南望彰化进。台湾县无我军，而林族多承朝栋意，无敢生事。过五张犁庄，有庄民见其前队，伏枪箐中，击杀数人，后队麇至。庄民走报彰化，发军援之，至半路，以无耗还。

七月丁未（初九日），日将北白川宫知前队已入，遂率全军分三道继之。其由正道者，黑旗将王德标跃出队御之，势猛甚，黑旗七星队从之，日军多死伤，不能前。别军转由溪上下流涉。七星队则望对岸战而北，五人为伍，以背相向，回环发枪，散成数十队，呼声大进，黑旗军左右应。而台南镇标军、屯军来者而睍视，有阴去者。王德标身被数创，望敌兵则坚立不退，麾军截击不少挫。而回顾八卦山火起，炮声如雷，探哨报彰化失矣，左右强挟之行。有一队一人殊伤，十一人护之，卧蔗园啖蔗。村人出视，劝埋军装，脱黑甲，可无祸。不顾而啖。再聒之，则叱曰："我枪在，虽数百倭无如我何也。"妇孺有走哗倭来者，十一人则束弹子袋，擎枪奋起，且出邀之。父老哀阻，而倭亦由他道去。于是招至家享之。越旦。裹创引从别径行。是日（初九日），天未明，彰化城闻大炮声，各军竞起，纷纭不知所为，城外军走而入，城中军走而出。武进士许肇清、武生许梦元带鹿港练勇出城，将登八卦山。八卦山驻有台南统领李士炳、汤人贵、沈福山援军。未及登而弹子乱至。山上军有打包奔来者，云统领中炮死矣。于是急奔鹿港。知府亦遂奔鹿港。吴汤兴手一枪，束袴草履，麾义民出御，而所带三十人为行人所挤，不得进，绕出城战死。有传其死于城间义民祠者，则吴鹏年也。吴鹏年自大甲战归，亦守城外山，故或云死于八卦山。有李啰者，斗六田头庄人，应云林募，先一日带五十人至，闻警出，见行人麕走，喝行人列两旁，望敌对仗开枪。而敌众多，敌枪大至，五十人者伤八人，其叔亦伤，始退。而敌人入城，路逢人则杀之，散住民居，不设营帐，有大炮，有马驮炮，马蹄裹铁，阁阁满街。是日别分三路，一出城西门至鹿港，一出城南门至社头，一路至员林街（均在彰化南）。越日至北斗街。知府黎维嵩由鹿港循海至台南，路被掠。知县罗树励父子潜行乡村，三日至鹿港西渡闽。

先是鹿港所来台南军仗三舟，由两江所济，巨弹、地雷、

108

火线皆备。保甲局遣人起运未半，或入城，或未至城，闻城破，并委于路。日兵知之，即下海，而潮方满，天微雨，乃辇炮望海轰之。三运舟遂乘潮去。

七月壬子（十四日），敌前锋一由北斗过云林属刺桐港，一过云林至斗六街，并至嘉义属大埔林。日军既陷云林，于是分军四出。而嘉义已先有王德标军在。德标自彰化受伤，至斗六，英气不衰，誓吞敌。而台南运饷银六千至。然彰化陷，四处地痞土匪复起，云林尤甚，有欲掠入县署者。德标乃同云林县记室以银寄陈舫、简大肚（应募名成功）、张大猷三人，人各二千，大军至听用。三人者，所部练勇多土匪也。德标入嘉义养创，并发电台南。

台南军再至。统领杨泗洪（或云姓张）、朱乃昌并勇敢，而二军不盈五百人。七月癸丑望，至嘉义北打猫庄，问前敌人数，行人曰："四百余耳。"实八百多人。二将奋而前，夜至大埔林。大埔林在嘉义北三十里，台南孔道，繁盛地也。敌兵散处民家。二人伏军两旁，引百人呼而入，纵火四处，敌大惊，踉跄奔出，则被我军截击，敌大乱，走至桥，桥为村户薛玉拆，半溺死。而杨、朱二军乘后追击，杀又大半。有日将殿后，泗洪跳而前，欲生擒之，中枪亡。朱亦中枪卧道旁。朱发秃，乡民误为倭，戕之。不及远追。而半途有中埠庄土豪黄荣邦，小名阿丑（应募名黄荣邦），先受刘帅札募勇，及是引众追击，敌愈狂奔。追至他里雾（在斗大街西南），敌入神庙，闭庙门，众围之。阿丑自手大斧，劈门，七人随之，敌枪乱发，阿丑跳而入，敌越墙遁；有走散者，死于路。残卒五十人逃回北斗，衣装军械尽失，身淋漓遍泥涂。于是王德标率军进，收复云林县。各处日军多退，云林地无敌踪。敌军大震，大队不敢行，严防各路。

当是时，苗栗、彰化、台中虽失，而刘帅尚拥有四县、一州（台东州），占台湾之半。而民间讹言，谓刘帅率军出，某日当至某所，某日当克某地。日军无纪律，所在扰民，悍民亦时劫之。

日大将徘徊历匝月，再请本国添援军，自台北而集中路，始克成行。八月壬午（十四日），日军水陆望台南并进。水军分二路：一向台南府，一向凤山县。陆分三路：一自永靖街（即关帝庙，在北斗北）过苧蕉脚庄向斗六，为东路；一自北斗街过西螺街（在斗六西北）向土库（在斗大西南），为西路；一自北斗街过刺桐巷庄向他里雾，为中路。所略皆云林县地也。西路有民团廖三聘扼西螺溪一战，东路有义勇团简成功出斗六街一战，皆不久而退。惟中路义勇团黄阿丑，与台南军黄统领守他里雾，颇有军势。

先一日，敌骑出哨，阿丑料明旦必战，约黄统领同出设伏，统领怯不听。阿丑曾向土库招死士三百未至，则自率二百余人伏北部庄。天甫明，敌军至。阿丑军出要之。枪炮交加，敌遇四军围之，阿丑坚阵不动。而敌前军已入他里雾，黄统领

110

之军被冲溃，敌大纵火。二百人或去，或挟阿丑俱去。阿丑则脱军衣，潜入他里雾，独伏街亭观敌。迫火及街亭，乃跳而免。而土库三百人者，行遇西路日军，发枪击之。敌大至，退入神庙中，或守于门，或伏墙头，或隐鸱尾，击敌辄中。至晚，成队啸呼出，敌不追。敌之过他里雾者，遇王德标前军，各收队。

初，德标自彰化受伤，至嘉义养创，所部黑旗军参加云林军战胜后，多回台南。及是，闻前敌急，领新军出。而简成功子简精华（本名婴，亦作英）自斗六至，林义成、黄荣邦亦率义勇来。越日再战。日军三路齐攻，战士十倍，大炮机关枪并发，马步齐驱，锐不可当。黄荣邦等多受伤，都司萧三发等战死，火及大埔林。大埔林为前月覆敌地，敌尤恨之。火大起，德标军不支，于是云林再陷，兵及嘉义。是役也，日军山根少将亦罹重伤，旋殁，兵士死伤者异回彰化。

德标军既退，预料敌将蹑至，沿途各隘路埋下地雷火炮。既越日，令赢卒散出，向打猫道诱之。八月丁亥（十九日）。天未明，日军齐发，败卒呼噪退。敌大队逐之。既诱入地雷道，各处火线并发，敌出不意，轰及千人，死数百人，能久亲王受重伤。义军林义成、民团林昆冈前后袭之。于是日军大败退。

戊子（二十日），复进，大炮益猛攻，德标军不能敌，退于城南，嘉义陷。城内外被兵燹者，皆成墟。德标军退议所守，而徐骧从总兵柏正材率台南军至，乃共扼守曾文溪。

初，徐骧自彰化失后，所部仅存二十人，至斗六，参民团战，即走台南。刘帅亟奖之，命入地瓜寮、打鹿埔一带募军。饷械缺乏，止收三百人。及是，复与德标军出当敌，然后退。徐骧好冲锋，或劝之，则叹曰："此地不守，台湾亡矣，吾不愿生还中原也！"是时日军势成破竹。曾文溪北距嘉义城六十余里，南距台南城四十里（台里一里抵中华里半），台湾已成孤注矣。

方台北失守时，台湾镇总兵万国本、台湾兵备道陈文𫘤早于五月间自台南西遁。刘帅在凤山县打狗港视察旗后炮台，闻之，委凤山一带军事于义子刘成良，星夜赴府城，入镇抚，委人署司道府县官。苦乏饷，邀集绅商，行官票，劝军需。遣人北洋乞助于北洋大臣刘坤一，南告两江总督张之洞，西南告广东总督，皆不即复；惟张之洞于五月间遣司道易顺鼎访刘帅，彼此誓复台北，而无他耗，张督即电召回。久之，两江略有饷械至，已不济。刘帅兵多新募，鲜旧部，无复曩日扫荡法国风矣。

八月己丑（二十一日），日本水军护混成第四旅团由布袋嘴（在嘉义西南）登陆，日本陆军至盐水港（在曾文溪北）应之。先是，日帅桦山介英领事愿为刘帅开发军饷数十万，指英商行支取，以战舰商船载刘军归清，刘帅不应。至是刘帅复英领事，欲履前约，日帅不听。而广东派大员陈泰亨来，劝刘帅

112

回国。于是刘帅无战志矣。

八月辛卯（二十三日），日军前队略地而南，阻于曾文溪军，战不利。水军一队自枋寮上陆。枋寮在凤山以南七十五里，散地也；然上略东港，下略恒春，亦可以震我军。

癸巳（二十五日），日军水陆大举南进。水军一队由鸡笼出发攻安平，一队由澎湖出发攻打狗。陆军则三路齐发：中路略茅尾港，西路略麻豆，东路略角秀庄（均在曾文溪北）。我军扼曾文者先战溪北，后战溪南，徐骧当先，柏正材、王德标麾军继之。日军炮火大发，马步齐攻，我军不独无舰队、无炮队，并无马队。于是徐骧步战最锐，首中炮死。总兵柏正材阵亡。管带官及民军林义成、林昆冈等亦多阵亡。王德标、简精华不知所终。溃军入台南，一路遂无守御。

方日本水军之出也，一阻于安平炮台，一阻于旗后炮台。是时，台南、凤山闻战舰来攻，陆军又败，民心惶惶，争觅舟西渡。八月甲午（二十六日），日水军战舰七艘再攻旗后，炮弹毁山半庙门，或堕营中。旗后附近村落，或入山，或浮海避炮，旗后街为之空。守炮台刘成良走入台南。炮手欲走者，为开一炮。日水军见炮台无声，以小艇载兵上陆。越日，一队向凤山，一队入旧城。旧城在凤山县治东北十三里，在旗后打狗北六里，本嘉庆以前郑氏旧县治也。负山濒海，雉堞楼橹犹完，城中鲜居民，多居城外。

八月丙申（二十八日），日骑兵自西南而北，向台南，过阿公店、大湖街（在台南南）至二层崎，而郑清一军扼二层溪击败之。郑清者，本凤山绿林豪，其侪七百，应刘帅募来谒，不愿受饷，愿杀敌，领一军守凤山路。至是遇敌骑，齐踊跃伏而击之，杀十数人，取其馘献府城。谂刘帅去，掷于路，告郑清，退入山。

方是时，日军南北夹攻，虽有胜败，而郡城已在握中。九月己亥朔，刘帅集众议，或言退倚城东山，或言出城决战。刘帅知难守。越日，率成良等潜至安平港，下英国爹利士舟，日舰望见，即追之。天微明，追及厦门港口，扬旗止行。日将持刘帅照相至，船长反扃所坐舱同出搜验。船中官绅民眷盈载，见高大者、衣冠者辄系之。至日午，搜不止。日水兵纷至沓来，老弱妇女争赴海，水手救之，溺一人。船上高扬救急旗，英领事自厦门乘快轮至，大言曰："两国和约云去台湾有遗军，贵国当载归清国乎？今欲得刘帅，将礼之乎？抑辱之也？"日将屈，顾而嘻曰："刘永福奚往乎！"乃皆释之。而刘帅实卧船长坐舱也。

九月壬寅（初四日），日军大入台南府城。能久亲王创发薨。台南陷。

台湾抗日大事记

1871年

12月，发生"牡丹社事件"，日本趁机侵略台湾。

1874年

2月，日本政府通过侵略台湾纲领性文件《台湾蕃地处分要略》。

5月7日，日本借口"牡丹社事件"，派出3000余人的侵略军在台湾社寮港登陆。

8月31日，清政府向日本赔偿军费50万两。

1894年

8月1日，甲午中日战争爆发，台湾开始戒严。台湾省会改为台北。刘永福率领黑旗军抵达台湾，布政使唐景崧被任命为台湾巡抚。

1895年

3月26日，日军侵占澎湖。

4月17日，直隶总督兼北洋大臣李鸿章与日本总理大臣伊藤博文签订《马关条约》，割让台湾、澎湖。消息传到台湾，引起全省人民一致愤慨

5月20日，清政府下令台湾大小官员内渡大陆。

5月25日，丘逢甲等提议成立"台湾民主国"，抗击日本侵略。

5月29日，日军在台湾沃底登陆。

6月3日，基隆陷落。

6月6日，唐景崧乘船逃回厦门。

6月8日，台北陷落。

6月，宜兰、新竹相继陷落。

7月，丘逢甲内渡大陆。

8月，爱国官兵在彰化保卫战中重创日军。

10月，日军陆海并进，向南进攻。

10月20日，刘永福退回厦门。高雄、凤山、台南相继失陷。

11月，日本宣布台湾"全岛平定"。

1896年

1月，民众抗日武装进攻台北，在城内与日军发生激烈巷战。日军对台湾北部进行报复性"大扫荡"。

3月，日本政府颁布《六三法》，对台湾军民的反抗实行严厉镇压。

6月，柯铁、陈发等领导抗日武装袭击各地日军守备队。柯铁以云林大坪顶地区为中心抗日，大坪顶被称为"铁国山"。

8月，《台湾居民户口调查规则》颁布。

10月，《犯罪即决条例》颁布。

1897年

1月，高山族同胞发动抗日起义。凤山抗日武装攻击日军守备队。

4月，抗日武装袭击东港及瀚州。

5月8日，《马关条约》中规定本日为台湾同胞选定中国国籍最后时限。台湾同胞7000多人渡海回到祖国大陆。本日，简大狮、詹振等率领抗日武装6000多人冲进台北市区。

1898年

2月，简大狮、罗锦春领导抗日武装，在竹子山倒照湖一带与日军发生激烈战斗，战斗持续6天，罗锦春牺牲，简大狮率余部退进深山。

7月，抗日武装围攻嘉义，收复了周围49个村庄。

8月31日，保甲条例颁布。

11月15日，《匪徒刑罚令》颁布，规定抗日者一律处以极刑。

12月，林少猫率领抗日武装3000多人袭击潮州、恒春。

1899年

简大狮回到大陆，被清政府抓捕后交给日本人，壮烈牺牲。

1900年

1月，番仔山抗日武装遭遇日军围剿，四昼夜激战后转移。

1901年

2月，詹阿瑞率领抗日武装攻入台中。

1902年

5月，抗日武装领袖林少猫等被日寇杀害。

1904年

5月，《枪炮火药取缔规划》颁布。

1906年

3月，《三一法》颁布。

8月，太鲁阁、大豹社高山族同胞武装对抗日本警察。

1907年

5月，台北枕头山高山族同胞反抗日本警察镇压。

7月，日军为镇压高山族同胞起义，焚毁二社六部落。

11月，北埔起义爆发。

1908年

6月，宜兰南澳高山族同胞遭到1500余名日本警察武装镇压。

1910年

《番务监视规程》颁布。《官有林野取缔规则》制订。

1911年

大安溪高山族各部落联合起来，反抗日军镇压。

1912年

3月，"林圯埔事件"爆发。

6月，土库起义爆发。

12月，南投抗日组织成立走漏消息，罗福星等被捕。

1913年

3月，罗福星等发表《大革命宣言书》。

4月，张火炉等人组织武装抗日，失败后壮烈牺牲。

12月，日本警察发动全台大搜捕，罗福星等二百多人被杀害。

1914年

6月，罗阿头等发动起义。

6月，总督佐久间亲自指挥一万多军警进攻太鲁阁，高山族同胞拼死抵抗，佐久间坠崖身亡。

1915年

5月，噍吧哖起义爆发。

7月，起义军队全歼甲仙埔等地日本警察。

1923年

1月，《治安警察法》实施。

1925年

6月，彰化县蔗农建立组合总会，被当局强行解散。

1927年

3月，中坜、桃园的佃农成立农民组合会，开展抗租斗争。

12月，台湾农民组合全岛第一届大会展开，农民运动飞速发展。

1928年

1月，台湾机械工会联合会成立。

3月，台湾工友总联盟成立。

12月，台湾农民组合第二届大会召开。

1929年

2月，全岛大搜捕，逮捕工会、农会、文艺协会等成员一千多人。

1930年

10月27日，雾社起义爆发。

1931年

6月，日本警察大肆搜捕共产党人。

1937年

7月，抗日战争爆发后，日本宣布台湾进入"战时体制"，推行"皇民化运动"。

11月，宜兰等地矿工集体暴动。

1938年

10月，高雄等地发生反战暴动。

1939年

2月，《国民征用令》颁布。

3月，一千多名台湾壮丁在高雄"哗变"，六百多人被杀。

1941年

2月，台湾革命同盟会在重庆成立。

1944年

5月，台北高等商业学校学生雷灿南筹划起义，走漏消息后英勇牺牲。

5月，台北帝国大学学生蔡忠恕等二百余人密谋起义，被捕入狱后牺牲。

1945年

10月25日，台湾地区日军投降仪式在台北市公会堂举行。